Josef F. Justen

Die bevorstehende Inkarnation

Ahrimans

2030 ???

Das Wesen und Wirken der Widersacher und die spirituellen Hintergründe des Zeitgeschehens

Bibliografische Information der Deutschen Nationalbibliothek:
Die Deutsche Nationalbibliothek verzeichnet diese Publikation
in der Deutschen Nationalbibliografie; detaillierte bibliografische
Daten sind im Internet über dnb.dnb.de abrufbar.

Titelfoto: © Fotos auf pixabay

Verlag: BoD · Books on Demand GmbH,
In de Tarpen 42, 22848 Norderstedt, bod@bod.de

Druck: Libri Plureos GmbH,
Friedensallee 273, 22763 Hamburg

ISBN: 978-3-7693-5013-5

»Am günstigsten würde es ja zweifellos für Ahriman sein, wenn er es dahin brächte, dass die weitaus größte Anzahl der Menschen keine Ahnung hätte von dem, was eigentlich zur Begünstigung seines Daseins hinführen könnte; wenn die weitaus größte Anzahl von Menschen so dahinleben würde, dass diese Vorbereitungen für die Ahriman-Inkarnation abliefen, aber die Menschen sie für etwas Fortschrittliches, Gutes, der Menschheitsentwickelung Angemessenes hielten.

Wenn sich gewissermaßen Ahriman in eine schlafende Menschheit hereinschleichen könnte, dann würde ihm das am allerangenehmsten sein.

Deshalb müssen diejenigen Ereignisse aufgezeigt werden, in denen Ahriman arbeitet für seine künftige Inkarnation.« [1]

Inhaltsverzeichnis

Vorwort

I n unzähligen Vorträgen sprach Rudolf Steiner über das Wesen und Wirken *Ahrimans*.

Aber nur in den hier in chronologischer Reihenfolge aufgelisteten acht Vorträgen, die er in dem neunwöchigen Zeitraum vom 27. Oktober bis zum 28. Dezember 1919 in vier verschiedenen Städten hielt, kam er darauf zu sprechen, dass sich Ahriman im 3. Jahrtausend *inkarnieren* werde.

Datum	Ort	veröffentlicht in
27. Oktober 1919	Zürich	GA 193, S. 160ff.
1. November 1919	Dornach	GA 191, S. 194ff.
2. November 1919	Dornach	GA 191, S. 211ff.
4. November 1919	Bern	GA 193, S. 181ff.
15. November 1919	Dornach	GA 191, S. 266ff.
21. November 1919	Dornach	GA 194, S. 11ff.
25. Dezember 1919	Stuttgart	GA 195, S. 30ff.
28. Dezember 1919	Stuttgart	GA 195, S. 44ff.

In allen vier Städten, in denen Rudolf Steiner im Rahmen eines oder mehrerer Vorträge über die Inkarnation Ahrimans sprach, ging er zunächst jeweils auf die Inkarnation Luzifers im 3. vorchristlichen Jahrtausend ein. So wie sich im Jahre 30 unserer Zeitrechnung der *Christus* in dem Leib des Jesus von Nazareth verkörpert hat und so wie sich *Luzifer* im 3. vorchristlichen Jahrtausend in einen menschlichen Leib inkarniert habe, werde sich *Ahriman* im 3. nachchristlichen Jahrtausend inkarnieren.

3. Jahrtausend v. Chr.	im Jahre 30	3. Jahrtausend n. Chr.
Inkarnation Luzifers	Inkarnation Christi	Inkarnation Ahrimans

Er wies darauf hin, dass man den Dreiklang, der sich aus den bereits erfolgten Inkarnationen Luzifers und Christi sowie der zukünftigen Ahrimans ergibt, im Zusammenhang sehen müsse.

> »Geradeso wie es eine Inkarnation Luzifers im Beginn des 3. vor-
> christlichen Jahrtausends gegeben hat, wie es die Christus-Inkar-
> nation gegeben hat zur Zeit des Mysteriums von Golgatha, so
> wird es einige Zeit nach unserem jetzigen Erdendasein, etwa auch
> im 3. nachchristlichen Jahrtausend, eine westliche Inkarnation
> des Wesens Ahriman geben. So dass man diesen Verlauf der ge-
> schichtlichen Entwickelung der Menschheit zwischen nahezu
> sechs Jahrtausenden nur richtig versteht, wenn man ihn so auf-
> fasst, dass an dem einen Pol eine luziferische Inkarnation steht, in
> der Mitte die Christus-Inkarnation, an dem anderen Pol die Ahri-
> man-Inkarnation.«

GA 193, S. 165 (Vortrag vom 27. Oktober 1919 in Zürich)

Im Menschen sind fortwährend diese beiden Pole vorhanden.

Der Repräsentant des einen Pols ist *Luzifer*, der des entgegengesetzten *Ahriman*. Beide, die wir im Folgenden noch näher vorstellen
werden, verfolgen unterschiedliche Ziele, beide wollen uns auf ihre
Seite ziehen. Man kann, um einen Vergleich heranzuziehen, an eine
Waage mit zwei Waagschalen denken. Auf der einen Waagschale
›lauert‹ Luzifer, auf der anderen Ahriman. Diese Waage gerät aus
dem Gleichgewicht, wenn *wir* zu sehr auf der Seite *einer* der beiden
Widersacher stehen. Wir *können* und *sollen* Luzifer und Ahriman
nicht fliehen. Aber wir dürfen uns nicht zu sehr auf eine der beiden
Seiten ziehen lassen. Alles, was man als »Sünde« oder als eine
»böse Tat« bezeichnet, basiert letztlich auf einer Abirrung zu einem
der beiden Extreme. Das Böse spielt also eine Doppelrolle. In seiner
luziferischen Ausprägung zeigt es die Tendenz, den Menschen in
unrechtmäßiger Weise in geistige Höhen zu erheben (»Erdflucht«);
in der ahrimanischen Ausprägung ist es bestrebt, den Menschen
noch tiefer in die Materie und die Erdenverhältnisse zu verstricken
(»Erdsucht«).

Das Gleichgewicht bzw. die »goldene Mitte« zwischen diesen
beiden Polen wird durch Christus, den *Sohn* Gottes, repräsentiert,
der sozusagen die beiden Pole ver*söhnt*. Dadurch wird aus der alten
Zweiheit (Teufel – Gott), die auch heute noch im konfessionellen
Christentum vertreten wird, eine *Dreiheit* (Luzifer – Christus – Ahriman).

Es gehört zu den großen Aufgaben des Menschen, das Gleichgewicht zwischen der luziferischen und der ahrimanischen Macht zu halten. Um dieses Gleichgewicht herstellen zu können, hilft der Christus-Impuls.

> »Und das menschliche Wesen ist ja im Wesentlichen die Bemühung, das Gleichgewicht zu halten zwischen der luziferischen und der ahrimanischen Macht; und der gegenwärtigen Menschheit hilft der Christus-Impuls, um dieses Gleichgewicht herzustellen.«
>
> GA 193, S. 165f. (Vortrag vom 27. Oktober 1919 in Zürich)

Bereits ganz zu Beginn seines ersten Vortrags über die Inkarnation Ahrimans wies Rudolf Steiner darauf hin, dass es sehr schwierig sei, vom Standpunkt der Geisteswissenschaft über Zeitfragen zu sprechen, da ein großer Teil der Menschheit schon von starken ahrimanischen Weltwesenskräften beherrscht werde.

> »Denn wer vom Gesichtspunkt der Initiationswissenschaft aus heute über die Zeitfragen spricht, der weiß, dass er nicht etwa bloß die subjektiven Zufallsmeinungen der Menschen, zu denen er spricht, zum größten Teil gegen sich hat, sondern er weiß auch, dass heute ein großer Teil der Menschheit schon nach der einen oder anderen Seite hin beherrscht ist von sehr starken und immer stärker werdenden ahrimanischen Weltwesenskräften.«
>
> GA 193, S. 160 (Vortrag vom 27. Oktober 1919 in Zürich)

Bei dem einen oder anderen Leser wird möglicherweise auch einiges, was in diesem Buch geschrieben werden soll, nicht unbedingt auf Sympathie stoßen.

Wenngleich Rudolf Steiner in den angeführten acht Vorträgen sehr viele konkrete Angaben zu der bevorstehenden Inkarnation Ahrimans machte, so deutete er den Ort und insbesondere den Zeitpunkt dieser Menschwerdung nur an. Das hat natürlich bis zum heutigen Tage zu vielen Spekulationen unter den Anthroposophen geführt.

Darüber und an welchen Entwicklungen bzw. Tendenzen man die Vorbereitungen seiner Inkarnation erkennen kann, werden wir in Kapitel 3 ausführlich schreiben.

Ein Leser, der eigene Forschungen zu diesem Thema anstellen möchte, sollte die oben angeführten Vorträge gründlich studieren. Des Weiteren kann der im Internet verfügbare Artikel *»The Incarnation of Ahriman – When and Where?«* des Dozenten und Autors Terry Boardman empfohlen werden (https://threeman.org/?p=2905).

Anmerkungen:

»Alle aus unterschiedlichen Quellen entnommenen Zitate in diesem Buch sind kursiv gedruckt.«

»Die im Text eingebetteten Original-Zitate aus Büchern und Vorträgen Rudolf Steiners sind in einer anderen Schriftart gedruckt, um auf den ersten Blick als solche erkannt zu werden.«

> **»Die im Text eingebetteten Original-Zitate <u>aus den oben aufgeführten acht Vorträgen</u> Rudolf Steiners über die Inkarnation Ahrimans sind eingerückt.«**

Alle älteren Zitate in diesem Buch sind an die heute gültige Rechtschreibung angepasst.

Zum Verständnis der Darstellungen in diesem Buch sind Grundkenntnisse der anthroposophisch orientierten Geisteswissenschaft erforderlich.

Kapitel 1

Die Widersacherwesen –
Luzifer und Ahriman

W enngleich es den meisten Lesern, die sich schon näher mit der anthroposophisch orientierten Geisteswissenschaft beschäftigt haben, weitgehend bekannt sein dürfte, wollen wir in diesem einleitenden Kapitel zunächst *mehr allgemein* über das Wesen und Wirken der beiden Widersacher – Luzifer und Ahriman – schildern.

Dieses seit Jahrhunderten verschüttete Wissen wurde erst wieder durch Rudolf Steiner offenbart.

1.1 Die ›zurückgebliebenen‹ geistigen Wesen

D ie geistigen Wesen der drei höheren Hierarchien – also die Engel, Erzengel, Archai, Exusiai, Dynamis, Kyriotetes, Throne, Cherubim und Seraphim – könnte man als die *»guten Götter«* oder als die *»gut-göttlichen Wesen«* bezeichnen. Alles, was sie bewirken, ist im Sinne der göttlichen Weltenordnung und zum Wohle aller Welten und Wesen. Diese Götter haben auf den bisherigen Inkarnationsstufen der Erde bzw. auf den Planetenstufen ihre Entwicklung in der *rechtmäßigen* Weise durchlaufen und abgeschlossen. Sie haben ihr jeweiliges Entwicklungsziel erreicht. So haben etwa die heutigen Engel auf dem alten Mond ihre sogenannte ›Menschheitsstufe‹ durchgemacht, so dass sie in unserer Zeit als Engel wirken können.

Um nicht missverstanden zu werden, muss erwähnt werden, dass die Engel auf dem alten Mond selbstverständlich nicht mit einem heutigen Menschen vergleichbar waren. Sie wandelten nicht in einem Leib, der dem eines Menschen, wie wir ihn heute kennen, in irgendeiner Weise ähnlich gewesen wäre. Sie hatten gänzlich andere Daseinsbedingungen und Aufgaben. Das Entscheidende war, dass sie in dieser urfernen Vergangenheit ihr Ich und ihr Selbstbewusstsein ausbildeten, so wie das unsere Aufgabe auf der derzeitigen Planetenstufe, also auf der heutigen Erde, ist.

Nun ist es aber keine Selbstverständlichkeit, dass *alle* Wesen auf den jeweiligen Stufen ihr Entwicklungsziel erreichen. Auf *jeder* Stufe bleiben Wesen zurück; das heißt sie entwickeln sich nicht in der geplanten, rechtmäßigen Weise und erreichen daher ihr Ziel nicht. Somit gibt es neben den neun Reichen der Wesen, die sich in der rechtmäßigen Weise entwickelt haben, unzählige ›Zwischenreiche‹, zu denen diejenigen Wesen gehören, die mit ihrer Entwicklung in einer bestimmten Epoche nicht fertig geworden sind. Man könnte hier von *»zurückgebliebenen«*, *»unfortschrittlichen Geistern«* oder *»Gegengeistern«* sprechen. Man würde nun ganz fehlgehen, wenn man die Wesen, die auf irgendeiner Stufe zurückgeblieben sind, pauschal als »böse« bezeichnen würde.

»Wir müssen vielmehr uns vor die Seele rufen, dass alles, was so geschieht – ob die Wesenheiten nun ihr Ziel erreichen, ob sie gewissermaßen sich zurückhalten auf früherer Stufe der Entwickelung –, dass alles das aus der kosmischen Weisheit heraus geschieht und dass es sinnvoll ist, wenn Wesenheiten auf einer gewissen Stufe zurückbleiben; dass es ebenso seine Bedeutung hat für das Ganze, wenn Wesenheiten zurückbleiben, als wenn Wesenheiten ihr Ziel erreichen, mit anderen Worten, dass gewisse Funktionen überhaupt nicht ausgeführt werden könnten von den vorgeschrittenen Wesenheiten, dass dazu solche Wesen nötig sind, die auf früherer Stufe zurückbleiben. Die sind in ihrer Zurückgebliebenheit eben am richtigen Orte.«[1]

In vielen Fällen verhält es sich so, dass die Wesen aus Entsagung zurückbleiben und damit ein Opfer bringen, um dann ganz bestimmte Arbeiten im Weltensein vollbringen zu können, welche diejenigen, die sich rechtmäßig entwickelt haben, nicht leisten können. Das, was diese zurückgebliebenen Geister für die Weltenentwicklung, namentlich für die Menschheit vollbringen, lässt sich vereinfacht auf folgenden Nenner bringen: Das Ergebnis ihres Schaffens stellt auf der einen Seite etwas sehr Positives dar; auf der anderen Seite birgt es aber auch gewisse Gefahren.

Nun gibt es allerdings auch äußerst mächtige zurückgebliebene geistige Wesenheiten, die man als Gegner der guten Götter bezeichnen kann. Sie können den Menschen ganz fürchterlich schaden und müssen somit als »*Widersacher*« oder als Verführer bezeichnet werden. Ihr Bestreben ist es, dass die Menschen einen anderen Weg in ihrer Entwicklung nehmen, als den, der von den guten Göttern vorgezeichnet ist.

Wer sich heute in der Welt umschaut, kann nicht bestreiten, dass es auf allen Ebenen Ereignisse, Tendenzen, Entwicklungen und Bestrebungen gibt, die man als destruktiv oder böse bezeichnen kann. Darauf werden wir an späterer Stelle noch ausführlich zu sprechen kommen. Das »Böse« ist aber nichts Abstraktes. Es gibt in den geistigen Welten nichts Abstraktes, nur konkret Wesenhaftes. Die Urheber oder Repräsentanten des Bösen sind ganz *konkrete* geistige Wesenheiten, die man auch zu den zurückgebliebenen Geistern rechnen muss. Viele Menschen sind geneigt, sich darunter nur etwas Symbolisches oder Mythologisches vorzustellen oder etwas, mit dem die Kirchenvertreter drohen können.

Wie wir sehen werden, haben wir es aber mit ganz realen Wesenheiten zu tun. Gewiss rührt alles, was wir in der physischen Welt als »böse«, »destruktiv« oder »hässlich« erkennen können, vom Menschen. Letztlich ist das alles Menschenwerk. Aber die Menschen werden in den meisten Fällen von den Widersachermächten dazu verleitet. Die Widersacher bedürfen konkreter Menschen, die gewissermaßen als ihre Werkzeuge das auf dem physischen Plan umsetzen, was in ihren – zumeist perfiden – Absichten liegt.

1.1.1 Luzifer

Es gibt im Grunde zwei Widersacher. Von dem einen wird bereits in der Paradiesesmythe der Schöpfungsgeschichte geschildert. Dieses Wesen wird von alters her *Luzifer* genannt. Luzifer ist der Anführer der Wesenheiten, die auf dem alten Mond auf der Menschheitsstufe standen und dort ihr Ich ausbildeten, aber letztlich nicht ihr volles Entwicklungsziel erreicht haben. Somit könnte man Luzifer und seine Genossen, die *luziferischen Wesenheiten*, als zurückgebliebene Engelwesen oder – etwas plakativ – als »gefallene Engel« bezeichnen. Diese Wesen stehen heute auf einer Stufe zwischen Engeln und Menschen. Daher haben sie bereits eine Macht und Weisheit, welche die des Menschen weit überragt.

1.1.1.1 Luzifers Verführung der jungen Erdenmenschheit

Werfen wir zunächst einen Blick darauf, was Moses aus seiner Geistesschau in der Genesis, der Schöpfungsgeschichte über Luzifer berichtet.

Der Mensch weilte in dieser fernen Vergangenheit – im Beginn des lemurischen Hauptzeitalters – noch im sogenannten »Paradies«, wie es in der Genesis genannt wird. Er lebte in dieser Epoche als ein makelloses, unschuldiges göttlich-geistiges Wesen in einer erdnahen *geistigen* Sphäre.[2] Er ruhte als ein noch *nicht* selbstbewusstes Wesen gewissermaßen im ›göttlichen Schoße‹, vergleichbar mit einem Kind, das sich im Schoße seiner Mutter geborgen fühlt. Der Mensch wäre in dieser Zeit gar nicht imstande gewesen, gegen die göttlichen Absichten zu handeln. Er war noch nicht mit einem *Selbstbewusstsein* begabt und besaß noch keine *Erkenntniskräfte*. Diese Fähigkeiten und Kräfte waren ihm aber in Aussicht gestellt; diese sollte er erlangen, sobald es dafür an der Zeit gewesen wäre.

Nun kam es zum sogenannten Sündenfall. Wie uns von Moses geschildert wird, trat Luzifer, der in der Genesis durch die Schlange repräsentiert wird, an den Menschen heran und verführte ihn, indem er ihm einsäuselte*: »[...] sondern Gott weiß, dass, welches Tages ihr davon esset, so werden eure Augen aufgetan, und werdet sein wie Gott und wissen, was gut und böse ist.«*[3] Durch die Verheißung, so sein zu können wie Gott, wurden der Hochmut und der Egoismus angefacht und der Mensch wurde in die Begierden und Leidenschaften verstrickt. Der Mensch war zu diesem Zeitpunkt noch nicht reif, die Erkenntniskräfte auszubilden. Das war ihm von den Schöpfermächten erst zu einem viel späteren Zeitpunkt vorbestimmt. Viel zu früh begann er durch die Verführung Luzifers mit diesem Prozess.

In der Genesis heißt es nun, dass der Mensch aus dem Paradies vertrieben und auf die Erde verbannt wurde, wo er sich viel stärker in die Materie verstrickte, als es von den Schöpfermächten beabsichtigt worden war. Sein ursprünglicher Leib, den man als Formgestalt des heutigen physischen Leibes oder als »Phantomleib« bezeichnen könnte, war vor dem Sündenfall frei von irdischen Stoffen und nur übersinnlich wahrnehmbar. Nun wurde diese Formgestalt mehr und mehr mit Materie angefüllt, wodurch der Leib immer dichter und verhärteter wurde. Dieser materielle, fleischliche Leib wurde nun *sichtbar*. Das schildert die Genesis damit, dass Adam erkannte, dass er nackt war.[4] Sein ursprünglich unsterblicher Leib war nun zu einem sterblichen, verweslichen geworden. Krankheit, Leiden und Tod, der auch die Zerstörung des Phantoms mit sich bringt, traten erstmals in die menschliche Erfahrungswelt. Der Kreislauf der irdischen Inkarnationen nahm seinen Anfang. Auch der Astralleib wurde dadurch, dass er überschäumende oder fehlgeleitete Triebe und Begierden aufnehmen konnte, in eine gewisse Unordnung gebracht.

Bis zum heutigen Tage und in der nächsten Zukunft muss der Mensch, wenn er durch die Pforte des Todes geschritten ist, seinen physischen Leib zerfallen sehen. Ohne den luziferischen Einfluss hätten die Menschen zu Beginn eines jeden Erdenlebens das Phantom in voller Kraft als ihren physischen Leib bekommen, und es hätte sich nicht so sehr mit den Erdenstoffen angefüllt. Es wäre beim Durchgang durch die Todespforte nicht zerstört worden, sondern mit dem Ätherleib und nicht mit dem, was zerfallen muss, mitgegangen. Das Phantom hätte sich also unversehrt in die Sphären der geistigen Welt erhoben, anstatt mit den verwesenden materiellen Bestandteilen ins Grab zu gehen. Das, was wir *heute* als ›Tod‹ bezeichnen, wäre nicht in die Welt gekommen.

Erst durch die unermesslich große Opfer-Liebes-Tat Christi auf Golgatha *können* wir Menschen uns eines fernen Tages mit diesem ursprünglichen und unsterblichen Phantomleib wieder bekleiden und unsere Entwicklung auf dem neuen Jupiter fortsetzen.

Bis zu diesem Punkt muss man die Entwicklung des Menschen als *Abstieg* werten. Die Tatsache, dass er von diesem Zeitpunkt an in gewisser Gottesferne auf dem irdischen Plan weilt, bringt es mit sich, dass er seine göttlich-geistige Heimat vergessen und sich dem göttlichen Willen widersetzen kann, was ihm unmöglich gewesen wäre, wenn er im göttlichen Schoße verblieben wäre. Da der Mensch viel zu früh in die Situation kam, ein Selbstbewusstsein sowie Erkenntniskräfte zu entwickeln, ist es ihm seitdem auch möglich, dem Irrtum anheimzufallen und völlig von der Wahrheit abzuirren. Er kann seit jener Zeit *sündig* werden. Das Wort »Sünde« ist verwandt mit dem Wort »(ab)*sondern*«. Der Mensch sonderte sich von seiner göttlichen Herkunft ab; er entwickelte ein Sondersein. Nur dadurch kam er überhaupt in die Gefahr, Sünden zu begehen. Die Menschen konnten im Verlaufe der Jahrtausende nicht mehr zu den Göttern finden. Die geistige Welt verfinsterte sich für sie immer mehr.

1.1.1.2 Was wir Luzifer verdanken

Im Mittelalter und zum Teil auch noch durchaus in unserer heutigen Zeit herrscht ein sehr karikiertes Bild von Luzifer und Ahriman vor, zwischen denen man nicht zu differenzieren versteht, die man als *ein Wesen* auffasst, das man als »Teufel« bezeichnet. Dieses Wesen hält man für ein abgrundtief böses, vor dem man unbedingt fliehen muss.

> »[...] denn es ist ja den Menschen so furchtbar angenehm, wenn sie sagen können: Vor dem Teufel hüte ich mich, dem Christus gebe ich mich gefangen in kindlicher Einfalt, dann werde ich selig, dann bin ich mit meiner Seele unter allen Umständen gerettet.«
>
> GA 191, S. 270 (Vortrag vom 15. November 1919 in Dornach)

Vielmehr ist es aber so, dass die Widersacher ihren berechtigten Platz im Weltensein haben.

So war beispielsweise der durch den Sündenfall ausgelöste Abstieg auf die materielle Erde *notwendig*. Die Tatsache, dass der Mensch von da an seine Erdenlaufbahn beginnen musste und ab einem bestimmten späteren Zeitpunkt bis zum heutigen Tage ohne *unmittelbare* Führung der geistigen Welt zurechtkommen muss, ist eine Voraussetzung dafür, dass der Mensch frei werden kann, die Gesetze seines Handelns zu erkennen und seine Entscheidungen darauf zu gründen. Weiterhin ist es dem Menschen dadurch möglich geworden, sittlichen Idealen und Motiven aus eigenem Antrieb zu folgen.

»Ohne diesen Einfluss hätte der Mensch nicht die Freiheit haben können, denn er würde, wenn dieser luziferische Einfluss nicht gekommen wäre, alle seine Handlungen so ausführen, dass er, wenn er dieses oder jenes zu tun hätte, nur hätte hinschauen können auf die Motive, die ihm in der Gestalt von aus der geistigen Welt zufließenden Ideen zugekommen wären. Was immer der Mensch auf der Erde vollbringen würde, er würde es so vollbringen, dass er sehen würde auf die Idee, die dem zugrunde liegt wie ein Bild, das ihm zeigt, was zu geschehen hat, ohne dass er sich diese Idee zu bilden hätte. Es würde wie eine Eingebung sein aus den höheren Welten, und diese würde so auf ihn wirken, dass er ihr unmöglich widerstehen könnte. Er würde wie selbstverständlich dem Willen der Götter folgen.

Nun aber war der luziferische Einfluss da. Durch ihn ist der Mensch in die Lage gekommen, sich nicht einfach die Motive zu einer Tat zufließen zu lassen, sondern er muss sich diese Motive durch seine eigene Arbeit aus den Untergründen seiner Seele heraus erst selbst bereiten. Er muss sich erziehen zu sittlichen Ideen, und dieses Sich-Erziehen zu sittlichen Ideen, das würde der Mensch nicht können, wenn der luziferische Einfluss nicht gekommen wäre. Denn dadurch ist in unsere astrale Natur ein Geistigeres hereingekommen. Dadurch wirkt nicht nur im Ich-Bewusstsein die Idee der Sittlichkeit – die so wirken würde, dass es keinem Menschen einfallen würde, das Böse zu tun, da von göttlich-geistigen Wesenheiten die Idee des Guten für eine Handlung unmittelbar vor sein geistiges Auge gestellt würde –, sondern es wirken mit die Triebe und Leidenschaften. Es würde diese Idee gar nicht im Ich-Bewusstsein auftauchen können, wenn nicht seine astrale Natur, individuell gestaltet durch den luziferischen Einfluss, ihr entgegentreten würde.

Dieser luziferische Einfluss hat bewirkt, dass in unserer Natur, aus dem Unbewussten heraus zum Bewusstsein hin, die Läuterung eintreten muss, dass wir uns zu bewussten sittlichen Ideen und Motiven heraufarbeiten müssen im Kampf mit uns selber, und diesen Ideen dann aus eigenem Antrieb folgen. So ist es Luzifer, der uns fähig macht, den sittlichen Ideen zu folgen, nachdem wir sie uns selbst erst erarbeitet haben.«[5]

Somit ist es *auch* Luzifer zu danken, dass wir in der Zukunft *wirklich* freie Wesen werden können. Diese Freiheit, über die nicht einmal die Wesen der höheren Hierarchien in diesem Maße verfügen, ist das höchste Gut des Menschen. Vermöge seiner Freiheit, von der er heute im Grunde erst einen Zipfel ergriffen hat, kann der Mensch jederzeit das tun, von dem er überzeugt ist, dass es im Sinne der geistigen Welt ist und letztlich ihm selbst und der Menschheit im spirituellen Sinne zum Segen gereicht. Diese Freiheit bedeutet auch, dass der Mensch eigene geistige Erkenntnisse gewinnen kann und muss, ohne irgendwelchen Autoritäten folgen zu müssen.

Dass Luzifer kein durch und durch böses Wesen ist, legt schon sein Name, der mit »Lichtträger« übersetzt werden muss, nahe. Die Berechtigung dieses Namens wird deutlich, wenn man weiß, welche Rolle er für den Menschen in einer bestimmten Phase seines Lebens zwischen Tod und neuer Geburt spielt.

Wenn der Mensch sich geraume Zeit, nachdem er durch die Pforte des Todes geschritten ist, über die Sonnensphäre hinaus weiter ausdehnt und in die Marssphäre kommt, lernt er Luzifer ganz real kennen.

»Wir beginnen auf die Sonne zurückzublicken – und da beginnt etwas sehr Merkwürdiges. In diesem Augenblicke zeigt sich uns, dass wir noch einen anderen Geist in seiner eigenartigen Weise zu erkennen beginnen, den Luzifergeist. [...]

Erst wenn wir jenseits der Sonnensphäre angekommen sind, lernen wir ihn erkennen, wie er war, bevor er Luzifer geworden ist, als er noch ein Bruder des Christus gewesen ist. Denn dass er anders geworden ist, ist erst in der Zeit eingetreten, da Luzifer zurückgeblieben ist und sich losgelöst hat vom Fortschritt im Kosmos. Und dasjenige, was er Schlimmes tun kann, erstreckt sich nur bis zur Sonne hin. Darüber ist noch eine Sphäre, wo Luzifer seine Tätigkeit so entwickeln kann, wie sie vor seiner Loslösung war. Da ist nichts von Schaden, was er da entwickelt, und wenn wir uns mit dem Mysterium von Golgatha in der richtigen Weise zusammengehörig gemacht haben, gehen wir, geleitet von Christus, von Luzifer in Empfang genommen, in der richtigen Weise in die noch weiteren Sphären des Weltalls hinaus.«[6]

Wenn der Mensch im Erdendasein lebt, kann Luzifer ihm sehr zum Schaden gereichen, so dass man ihn berechtigterweise als Widersacher bezeichnet. *Ab* der Sonnensphäre kann er zunächst für den

Menschen keinen Schaden mehr anrichten. Wenn der Mensch der Sonnensphäre langsam entwächst, lernt er Luzifer so kennen, wie er in urferner Vergangenheit war, bevor er sich von der rechtmäßigen Entwicklung im Kosmos losgelöst hat. Jetzt hat er seine gute Berechtigung und Bedeutung. Luzifer muss dem Menschen nun beistehen. Der Mensch muss ihm begegnen. **»Zwischen Luzifer und Christus muss er den weiteren Weg machen.«**[7]

Jedes Wesen hat seine gute Berechtigung und einen ganz bestimmten Stellenwert im göttlichen Weltenplan! Während Christus all dasjenige bewahrt, was sich der Mensch an Seelischem erworben hat, ist es die Aufgabe Luzifers, **»den Menschen zu unterstützen, dass er in der berechtigten Weise auch die Kräfte der anderen Wesenheiten der Hierarchien für seine neue Inkarnation verwerten lernt«**.[7]

Also auch Luzifer ist notwendig, damit der Mensch seine neue Inkarnation vorbereiten kann. In diesen Sphären muss der Mensch die Kräfte sammeln, die er braucht, um gewissermaßen sein neues Erdenleben ›zimmern‹ zu können. Wenn er sich dann über die Sonnensphäre hinaus ausdehnt, um die Geisteswelt zu betreten, hat er die Sonne, die ihm früher alles beleuchtet hat, unter sich. Jetzt braucht er einen neuen ›Lichtträger‹, der den weiteren Weltenraum geistig beleuchtet. Auch daher ist der Name »Luzifer« berechtigt. Das Verständnis für Luzifer wird der Mensch in seinem nachtodlichen Dasein recht leicht finden. Das Verständnis für Christus kann er hingegen nur finden, wenn er sich schon im Erdenleben vorbereitet hat, ihn verstehen zu lernen.[8]

Aber auch die Tatsache, dass die Urweisheit seit Beginn der Erdenentwicklung von Luzifer ausgegangen ist, rechtfertigt seinen Namen (☞ auch Kapitel 2). Diese Erb- oder Urweisheit, ohne die der Mensch hätte kindlich bleiben müssen, strömte fortwährend aus dem Unterricht der luziferischen Wesen in den alten Mysterien. Dieses Wissen benötigte die junge Menschheit zu ihrem Fortschritt.

> **»So mussten die Eingeweihten der alten Zeiten sie** [die Weisheit] **aus den luziferischen Händen entgegennehmen, und sie mussten eben die Verpflichtung eingehen, nicht den anderen Aspirationen der luziferischen Wesenheiten zu verfallen.«**
>
> GA 191, S. 269 (Vortrag vom 15. November 1919 in Dornach)

Allerdings lag es in der Absicht Luzifers, der Menschheit die Weisheit so zu überliefern, dass sie dadurch von ihrer eigentlichen Entwicklung abgebracht wird. Die Menschen sollten nicht den Weg der Erdenentwicklung auf sich nehmen, sondern ihre Entwicklung in einer überirdischen, der Erde entrückten Sphäre durchmachen, wodurch sie ihr von den guten Göttern vorgegebenes Menschheitsziel nicht erreichen sollten.

Die Weisen der alten Zeiten hatten also die schwierige Aufgabe, einerseits die für die Menschheit so wichtigen Gaben Luzifers anzunehmen, andererseits aber nicht seinen Bestrebungen, die Menschen von ihrer Erdenentwicklung abzubringen, zu verfallen.

»Die luziferischen Wesenheiten impfen dem Menschen ihre Weisheit ein, aber sie wollen, dass er dadurch von der Erde abzweigt und nicht die Erdenentwickelung durchmacht. Die Erde will Luzifer ihrem Schicksal überlassen, von den Menschen unbevölkert sein lassen; er will die Menschheit für ein besonderes, dem Christus-Reiche fremdes Reich gewinnen.

Die Weisen der alten Zeiten, die die Urweisheit aus Luzifers Händen empfangen haben, die mussten also die Verpflichtung übernehmen, nicht dem Luzifer nachzugeben, sondern seine Weisheit zu empfangen, aber sie im Dienste der Erdenentwickelung zu gebrauchen. Das ist es, was im Wesentlichen durch die Mysterien der vorchristlichen Zeiten ja auch geleistet worden ist. Und wenn man fragt, was eigentlich die Menschheit bekommen hat durch diese Mysterien der vorchristlichen Zeiten, durch den Einfluss der luziferischen Wesenheiten, die zuerst, also noch in der nachatlantischen Zeit, inspirierten gewisse Persönlichkeiten, die Rishis der Inder, und dann selbst ihren Sendboten auf die Erde schickten, wie ich Ihnen angedeutet habe, so ist es alles dasjenige, was die Menschen aufgebracht haben seit ihrer Entwickelung an Fähigkeit des Sprechens und an Fähigkeit des Denkens. Denn Sprechen und Denken sind ursprünglich durchaus luziferischer Natur, nur dass diese Künste gewissermaßen dem Luzifer entlistet worden sind von den Weisen der Urzeit.«

GA 191, S. 269f. (Vortrag vom 15. November 1919 in Dornach)

Wenn wir Luzifer fliehen wollten, dann müssen wir uns entschließen, in der Zukunft stumm zu sein und nicht zu denken!

1.1.1.3 Die Gefahren, die Luzifer bringt

Wenngleich wir Luzifer einiges zu verdanken haben, darf nicht übersehen werden, dass er und seine Scharen uns auch heute noch auf mancherlei Art verführen wollen. Luzifer verwickelt uns in Irrtümer, Täuschungen und Illusionen. Er möchte uns zu Schwärmern machen.

> »Luzifer ist diejenige Macht, die im Menschen alle schwärmerischen Kräfte, alle falsch-mystischen Kräfte aufregt, alles dasjenige, was den Menschen über sich selber hinaufheben will, was gewissermaßen physiologisch das menschliche Blut in Unordnung bringen will, um den Menschen außer sich zu bringen.«
>
> GA 193, S. 165 (Vortrag vom 27. Oktober 1919 in Zürich)

Da die luziferischen Wesen auf einer früheren Entwicklungsstufe stehengeblieben sind, wollen sie mit der Erde nichts zu tun haben. Sie bringen Fremdartiges in die normale Entwicklung hinein. Ihr Bestreben ist es, dass wir auf unsere geistig-seelische Entwicklung verzichten und nach dem Tode in der geistigen Welt bleiben. Das wäre auch durchaus möglich; allerdings könnten wir dann niemals unser eigentliches Menschheitsziel erreichen. Die luziferischen Wesen wollen dem Menschen eigentlich etwas Gutes bringen. Allerdings haben sie die Absicht, dieses zu früh zu bringen, so dass es zu etwas Schädlichem wird.
»Sie handeln hoch-geistig, aber sie handeln automatisch – das ist außerordentlich bedeutsam –, und sie wollen zu ihrer Höhe, zu ihrer geistigen Höhe den Menschen erheben. Sie wollen ihn automatisch machen; geistig, aber automatisch.«[9]

Auch im Leben zwischen Tod und neuer Geburt gibt es eine Phase nach der Weltenmitternacht, in der Luzifer den Menschen verführen will. Zunächst enthüllt sich dem Geistesblick des Menschen immer deutlicher das großartige *Menschheitsideal*. In einer mächtigen, gloriosen Imagination steht vor seinem Geistesauge, was das Ziel der Schöpfermächte bzw. des großen Götterprojektes ist, das der Mensch eines ur-urfernen Tages erreichen kann.

Einige Zeit später kommt es zu einem wichtigen, ja dramatischen Ereignis. Es tritt nun erneut Luzifer an den Menschen heran. Während dieser für die Menschen *vor* der Weltenmitternacht ein wichtiger Lichtträger war, wird er nun wieder – genau wie im Erdenleben – zu einem großen Verführer, zum Widersacher. Luzifer säuselt dem Menschen zu, sich damit, wie er sich bisher entwickelt hat, zufriedenzugeben und darauf zu verzichten, dem Menschheitsideal nachzustreben. Wir haben ja schon erwähnt, dass er möchte, dass die Menschen einen anderen Weg nehmen. Er versucht, ihn dazu zu verführen, als geistiges Wesen – so wie er bis jetzt bereits geworden ist – in der geistigen Welt zu verbleiben und auf eine weitere Verkörperung und somit auf eine Vervollkommnung zu verzichten.

»Diese Versuchung tritt umso mehr heran, als in keinem Moment der Menschheitsentwickelung Luzifer eine größere Gewalt hat über den Menschen als in diesem Augenblick, wo er ihm einbläst: Ergreife jetzt die Gelegenheit, du kannst im Geiste bleiben, du kannst alles das, was du entwickelt hast, in das geistige Licht überführen!«[10]

In der Tat könnte der Mensch als geistiges Wesen mit seinen bis dahin erworbenen Fähigkeiten, aber auch mit all seinen Unvollkommenheiten und Unzulänglichkeiten in der Geisteswelt verbleiben. Allerdings wäre es ihm dann nicht mehr möglich, eines urfernen Tages das Götterziel zu erfüllen. Der heutige Durchschnittsmensch ist noch nicht stark genug, dieser höchst verlockenden Versuchung zu widerstehen. Er würde der Empfehlung des Versuchers folgen, ja er würde *zu diesem Zeitpunkt* nur zu gern in der geistigen Welt verbleiben.

Nun treten die göttlich-geistigen Wesen, die sich im Gegensatz zu Luzifer in der rechtmäßigen Weise entwickelt haben, die nicht aus der fortschrittlichen Entwicklungslinie gefallen sind, auf den Plan und übernehmen die Angelegenheit des Menschen. Es kommt nun zu einem regelrechten Kampf zwischen diesen Geistwesen und den luziferischen Wesen um die jeweilige Menschenseele.

»So wie die Menschheit jetzt ist, würde der Mensch nicht in der Lage sein, in diesem Punkt der Versuchung Luzifers zu widerstehen, wenn nicht die Geister, deren Gegner Luzifer ist, jetzt die Angelegenheiten des Menschen übernehmen würden. Und es tritt der Kampf der den Menschen zu seinem Ideale vorwärtsleitenden Götter ein, der die Götterreligion bekennenden Götter mit Luzifer um eine Menschenseele. Und das Ergebnis dieses Kampfes ist, dass das Urbild, das sich der Mensch von seinem irdischen Dasein gebildet hat, herausgeworfen wird aus der Zeit in den Raum, angezogen wird magnetisch vom Raumesdasein.«[10]

1.1.2 Ahriman

Das andere Widersacherwesen wurde erstmals von Zarathustra, dem großen Eingeweihten und Menschheitsführer der urpersischen Kultur, erkannt und »Geist der Finsternis« bzw. *Ahriman* genannt.

Michael, der Verwalter der kosmischen Intelligenz, möchte dasjenige, was sich innerhalb der Menschheit als Intelligenz entwickelt, fortwährend im Zusammenhang mit den göttlich-geistigen Wesen erhalten.

»Dem aber steht ein Widerstand entgegen. Was die Götter als Entwickelung durchmachen in der Linie von der Ablösung der Intellektualität von ihrem kosmischen Tun bis zur Eingliederung in die menschliche Natur hin, das steht offen als Tatsache in der Welt drinnen. Sind Wesen vorhanden, die ein Wahrnehmungsvermögen haben, durch das sie diese Tatsachen schauen können, so können sie sich diese zunutze machen. –

Und solche Wesenheiten sind vorhanden. Es sind die ahrimanischen Wesen.

Sie sind ganz dazu veranlagt, alles, was sich als Intelligenz von den Göttern loslöst, in sich aufzusaugen. Sie sind dazu veranlagt, die Summe aller Intellektualität mit ihrem eigenen Wesen zu vereinigen. Sie werden damit die größten, die umfassendsten und eindringlichsten Intelligenzen des Kosmos.«[11]

Die *ahrimanischen Wesen*, deren Anführer Ahriman ist, haben bereits auf der alten Sonne ihr Entwicklungsziel nicht erreicht. Auf dem alten Mond wurden sie zu den Versuchern der Engel. Ahriman, der eine für menschliche Maßstäbe unfassbare, eiskalte, sprichwörtlich ›teuflische‹ Intelligenz besitzt, ist ein noch viel mächtigerer und somit ungleich gefährlicherer Widersacher. Er kann als »Herr des Intellekts« bezeichnet werden.

Während sich Luzifer in die menschliche Empfindungsseele eingeschlichen hat, hat sich Ahriman in die Verstandesseele eingenistet.

»In diesem zweiten Glied der menschlichen Seele, der Verstandesseele, also in dem umgearbeiteten Stück des Ätherleibes, da hat sich festgesetzt Ahriman. Da ist er drinnen und führt den Menschen zu falschen Urteilen über das Materielle, führt ihn zu Irrtum und Sünde und Lüge, zu allem, was eben aus der Verstandes- oder Gemütsseele kommt. In alledem zum Beispiel, dass der Mensch sich der Illusion hingibt, mit der Materie sei das Richtige gegeben, haben wir Einflüsterungen des Ahriman, des Mephistopheles zu sehen.«[12]

1.1.2.1 Der große Streit am Himmel

Im Jahre 1841 begann in der geistigen Welt ein großer Kampf zwischen dem Erzengel Michael mit seinen Gefährten und eben diesem Ahriman mit seinen Scharen. Um was ging es dabei?

Michael wusste, dass es an der Zeit war, dass mehr und mehr spirituelle Wahrheiten in die Menschenwelt geträufelt werden mussten. Die Menschen sollten immer mehr geistige Erkenntnisse, für die sie vorher noch nicht reif waren, aufnehmen. Die Zeit des naiven Glaubens ging zu Ende. Das ist natürlich nicht im Sinne Ahrimans, dessen Bestreben es ist, die Menschen von allem Geistigen fernzuhalten und sie ganz fest an die Materie zu ketten. Nach 38 Jahren gewann Michael diesen »großen Streit am Himmel«. Er trat ihn, den Drachen, symbolisch unter seine Füße, wie das ja viele Gemälde und Statuen heute zeigen, und verbannte ihn aus der geistigen Welt. Dieser wichtige Sieg Michaels aus dem Jahre 1879 hatte zwei Konsequenzen:

Zum einen konnte Ahriman es jetzt nicht mehr verhindern, dass von nun an durch von Michael beauftragte Menschen, allen voran Rudolf Steiner, geistige Erkenntnisse in die Menschheit gebracht werden konnten. Zum anderen kam dadurch Ahriman mehr in den Einflussbereich der Erdenmenschheit, wo er allerlei Schaden anrichtet. Zwar konnte er nicht verhindern, dass die Geisteswissenschaft in die Welt kam, aber er setzt seitdem alles daran, dass die Menschen sie nicht aufnehmen und sogar für einen Unsinn halten und ihre Vertreter diskreditieren und verhöhnen.

Michael ist seitdem zum Zeitgeist aufgestiegen und wirkt – wie schon seit Urzeiten – ganz besonders für die Menschen, denen er Kraft und Mut verleihen kann, wenn sie sich mit ihm verbinden.

1.1.2.2 Ahriman – Der Urheber des Materialismus

Dass heute der Materialismus, also die absurde Ideologie, dass es nichts Geistiges gibt, weder geistige Welten noch Wesen, in allen Bereichen des Lebens Einzug gehalten hat, ist ein ›Verdienst‹ Ahrimans. Er ist der Urheber des Materialismus.

> **»Ahriman ist diejenige Macht, die den Menschen nüchtern, prosaisch, philiströs macht, die den Menschen verknöchert, die den Menschen zum Aberglauben des Materialismus bringt.«**
>
> GA 193, S. 165 (Vortrag vom 27. Oktober 1919 in Zürich)

Die materialistische Weltanschauung ist seit mindestens 150 Jahren auf allen Ebenen nicht zu übersehen.

So ist es in den Naturwissenschaften Konsens, dass das Universum vor knapp 14 Milliarden Jahren durch den sogenannten »Urknall« durch einen ›Zufall‹ entstanden sei. Vorher habe es noch nichts gegeben. Für göttliche Schöpfermächte ist in ihren Lehren kein Platz. Diese halten sie für einen Aberglauben, den die aufgeklärte Menschheit längst überwunden habe. In dem Menschen sehen im Grunde einen hochentwickelten Affen, dessen Existenz sich nur auf die kurze Zeit zwischen Geburt bzw. Empfängnis und Tod erstrecke.

»[...] aber sie [die ahrimanischen Wesen] **streben danach, in dem Menschen das Bewusstsein seiner Geistigkeit zu ertöten. Sie streben danach, dem Menschen die Anschauung beizubringen, dass er eigent-**

lich nur ein vollkommen ausgebildetes Tier ist. Ahriman ist in Wahrheit der große Lehrer des materialistischen Darwinismus.«[13]

Besonders stark ist die christliche Theologie materialistisch geworden. So glaubt man, dass der Mensch bei der Empfängnis von Gott aus dem ›Nichts‹ erschaffen würde. Eine Präexistenz der menschlichen Seele oder gar die Reinkarnation bezeichnet man als Irrlehre. Man lehrt, dass ein Mensch, der ein anständiges und gottgefälliges Leben geführt hat, nach dem Tod bis in alle Ewigkeit himmlische Freuden erleben würde. Den Christus hat man längst verloren.

> »Bedenken Sie doch nur, vieles ist materialistisch geworden im Lauf der neueren Zeit. Aber wenn Sie sich fragen: Was ist denn am meisten materialistisch geworden? – da bekommen Sie die Antwort: Ein großer Teil der modernen christlichen Theologie. –
>
> Denn es ist einfach der stärkste Materialismus, dem sich ein großer Teil der modernen christlichen Theologie hingibt, indem diese moderne christliche Theologie nicht mehr den Christus in dem Menschen Jesus von Nazareth sieht, sondern nur noch den Menschen Jesus von Nazareth, den ›schlichten Mann aus Nazareth‹, den Mann, den man verstehen kann, wenn man wenig sich hinaufschwingen will zu irgendeinem höheren Verständnis. Je mehr man den Menschen Jesus von Nazareth als einen bloßen gewöhnlichen Menschen annehmen konnte, der nur eben in die Reihe der anderen berühmten historischen Persönlichkeiten gehört, desto mehr gefiel das einer gewissen materialistischen Richtung der modernen Theologie. Vom Übersinnlichen des Ereignisses von Golgatha will diese moderne Theologie wenig, recht wenig anerkennen.«

GA 193, S. 164f. (Vortrag vom 27. Oktober 1919 in Zürich)

Auch die Tatsache, dass Rudolf Steiner und die Anthroposophie schon zu seinen Lebzeiten, aber erst recht in der Gegenwart derart diskreditiert und bekämpft werden, ist eine Folge des Materialismus. Die geisteswissenschaftlichen Erkenntnisse und Bestrebungen sind ja etwas, was den ahrimanischen Intentionen in höchstem Maße entgegenwirkt.

Zu den Zielen Ahrimans, dem unrechtmäßigen »Fürsten der Erden-welt«, gehört ein Szenario, von dem wir in der Gegenwart nicht mehr allzu weit entfernt sind: eine seelenlose, vollständig mechanisierte und automatisierte Welt, eine Welt, in der Computer und Roboter die Menschen in ihre Knechtschaft zwingen und in großem Stil über sie verfügen wollen.

Schon heute ist unsere ganz alltägliche Welt weitgehend entseelt. Unser Alltagsleben ist durch die hochgradige Technisierung derart kompliziert geworden, dass wir einen unverhältnismäßig großen Teil unserer Zeit darauf verwenden müssen, um mit allen diesen Dingen zurechtzukommen, um mit der technologischen Entwicklung einigermaßen Schritt halten zu können. Es bleibt viel zu wenig Zeit für wirklich Wichtiges, etwa für die Pflege der Beziehungen zu unseren Mitmenschen. Insbesondere scheint keine Zeit mehr übrig zu bleiben, um sich mit spirituellen Themen zu befassen.

Das Fernziel der ahrimanischen Wesen ist es, möglichst viele Menschen auf ihre Seite zu ziehen und diese zu ahrimanisch unter-menschlichen Wesen zu machen. Sie wollen, dass die Erde unsterblich wird und nicht eines Tages – wie es gemäß dem göttlichen Weltenplan notwendigerweise geschehen muss – im Weltraum zerstäubt wird. Sie wollen die von den guten Göttern geplante Weltenentwicklung torpedieren und in eine ganz andere Richtung lenken. Ahriman und seine Gefolgschaft wollen die Individualität des Menschen und damit auch seine Unsterblichkeit auslöschen. Auch setzt er alles daran zu verhindern, dass eines fernen Tages die Jupitererde als neue Wohnstatt für die Menschen entstehen kann. Er will, dass das hohe, von den Schöpfermächten vorgegebene Menschheitsideal, in urferner Zukunft als voll bewusstes, freies, schaffendes Wesen in der geistigen Welt zu wirken, nicht erreicht werden kann.

»Und indem wir in der modernen Menschheit das Denken immer ähnlicher machen dem physischen Ablauf der Gehirnvorgänge, geht in der Tat diese moderne Menschheit nicht etwa nur der Gefahr entgegen, nichts mehr von der Unsterblichkeit zu verstehen, sondern die moderne Menschheit geht der Gefahr entgegen, die Unsterblichkeit zu verlieren.

Das ist ja das größte Ideal des Ahriman, den Menschen in seiner Individualität zu vernichten, ihn nicht mehr individuell sein zu lassen, aber die Kräfte, die er hat, die Denkkraft, hereinzunehmen in die irdischen Kräfte, dass, wenn einmal die Erde ein großer Leichnam sein wird, dieser Leichnam durchwoben sein wird von all den Kräften, die der Mensch durch seine Logik der Erde einverleibt. So dass man eine große Erdenspinne haben würde, in der die etlichen siebzig Elemente vollständig zerpulvert leben würden; aber darinnen wie riesige, ineinander sich verfilzende Spinnen das menschliche Denken, nach dem Muster des bloßen abstrakten Denkens hineinverwoben.

Das ist das Ideal, das Ahriman erreichen möchte: den Menschen die Individualitäten zu vernichten, um die Erde umzuformen aus der Kraft des menschlichen Denkens in ein Gewebe von riesigen Gedankenspinnen, aber realen Spinnen. Das ist das ahrimanische Ziel, dem entgangen werden muss dadurch, dass der Mensch nun wirklich erfasst ist von der Geistsprache: ›Nicht ich, sondern der Christus in mir‹, indem das wahre Ich lebendig in ihm wird, das unsterbliche Ich, das verstehen kann die Worte: ›Himmel und Erde werden vergehen, aber meine Worte werden nicht vergehen.‹«[14]

1.1.2.4 Ahrimans Wirken seit Ende des 20. Jahrhunderts – ahrimanisch inspirierte Technologie

Richten wir jetzt einmal den Blick auf unsere Zeit, auf das noch junge 21. Jahrhundert. Selbstverständlich ist jedes Zeitalter wichtig. Aber das Zeitalter, in dem wir uns jetzt inkarniert haben, ist ein äußerst wichtiges, ein ganz entscheidendes. Besonders prägend für das 20. und 21. Jahrhundert ist, dass sich der Übergang zum Intellektualismus vollzogen hat. Der Mensch empfängt aus dem Makrokosmos heraus die Kraft, abstrakte Begriffe zu bilden. Allerdings sind die Menschen heute noch nicht fähig, ihre abstrakten Begriffe mit der Wirklichkeit in Einklang zu bringen.

Wir leben also in der Zeit des Intellektualismus. Die intellektuellen Fähigkeiten der heutigen Menschen haben einen großen Höhepunkt erreicht. Der Intellekt des Menschen führte schließlich dazu, dass er Maschinen bis hin zu den heutigen technischen – zum Teil sehr fragwürdigen – ›Wunderwerken‹ bauen konnte. Diesen Intellektualismus nutzt Ahriman, der ja der Herr des Intellekts ist, als seinen Anknüpfungspunkt. Dieser ist gewissermaßen ein ›Haken‹, an dem er uns packen kann.

Wenn man sieht, wie sehr die materialistische Weltanschauung mittlerweile einen großen Teil der Menschheit ergriffen hat, wie kalt und geradezu untermenschlich schon heute viele der technologischen Errungenschaften auf allen Gebieten sind, deren die Menschen sich so rühmen, muss man konstatieren, dass er nicht mehr weit von seinem Ziel entfernt ist, eine völlig geist- und seelenlose Welt, deren Herrscher er sein möchte, zu schaffen. Denken Sie etwa nur an die Gefahren der Künstlichen Intelligenz, die Genmanipulation, die abstrakt-intellektuelle Förderung im Vorschulalter, die Frühsexualisierung in der Schule. Auch der Begriff der menschlichen Freiheit ist mittlerweile völlig korrumpiert worden. So wird etwa – um nur ein Beispiel anzuführen – von vielen die Meinung vertreten, jeder Mensch habe das gute Recht, aus seiner ›Freiheit‹ heraus um aktive Sterbehilfe zu bitten, wenn er sein Leben nicht mehr für lebenswert hält.

»Auf unsere jetzige Kultur, auf unsere reine Verstandeskultur, auf alles das, was sich in der Gegenwart immer mehr und mehr nach dem Abgrund des Verstandes hin entwickelt – und das können Sie auf allen Gebieten des Lebens erfahren –, wird eine Zeit kommen, in welcher der Mensch ein Sklave der Intelligenz sein wird, in der er als Persönlichkeit untergehen wird. Es gibt heute nur ein einziges Mittel, die Persönlichkeit zu bewahren, das ist die Spiritualisierung.«[15]

Betrachten wir einmal das Internet, das längst zu einem Medium geworden ist, das weltweit von Milliarden Menschen genutzt wird und mittlerweile nicht mehr wegzudenken ist. Wie bei allen Erfindungen und technologischen Errungenschaften verhält es sich auch hierbei so, dass es Fluch *und* Segen zugleich ist. Nehmen wir ein sehr einfaches Beispiel: Die Erfindung des Messers führte dazu, dass man ein Werkzeug hat, mit dem man beispielsweise Brot schneiden kann (Segen). Man kann es allerdings auch dazu verwenden, um einen Menschen zu verletzen oder gar zu töten (Fluch). Selbstverständlich kann man das Internet in einem guten und förderlichen Sinne nutzen. So bietet es zum Beispiel die Möglichkeit, mit Bekannten, Freunden und Geschäftspartnern in der ganzen Welt nahezu in

Echtzeit zu kommunizieren, interessante Vorträge zu hören und Videos anzuschauen sowie Nachrichten und Beiträge freier und unabhängiger Medien zu verfolgen. Allerdings sind die gewaltigen Schattenseiten, die es aufweist, nicht zu übersehen. Denken Sie nur an die unzähligen Seiten im Netz, auf denen die fürchterlichsten Lügen, Verleumdungen – auch Rudolf Steiner und der Anthroposophie gegenüber –, Gewaltverherrlichungen, Hasstiraden und pädophile Videos ihre Verbreitung finden, und solche, welche die Nutzer auf vielfältige Art und Weise manipulieren, abhängig und unfrei machen. Diese Technik ist auf dem besten Weg, die Menschen in einem kaum für möglich gehaltenen Ausmaß zu überwachen, zu steuern, zu kontrollieren und zu beherrschen.

Interessanterweise gaben die Erfinder des Internets diesem Konzept nicht den Namen »wwn« (»world wide *net*«), sondern »www« (»world wide *web*«). Beide Worte – »net« und »web« – kann man ins Deutsche mit »Netz« übersetzen. »Net« ist ein eher neutraler Begriff. Das Wort »web« hat aber auch, oder sogar eher, die Bedeutung von »Gespinst«; »spider's web« ist das »Spinnennetz«. Lesen wir mit diesem Hintergrund aus einem Vortrag Rudolf Steiners, den er im Jahr 1921 hielt:

»Und aus der Erde wird aufsprießen ein furchtbares Gezücht von Wesenheiten, die in ihrem Charakter zwischen dem Mineralreich und dem Pflanzenreich drinnenstehen als automatenartige Wesen mit einem überreichlichen Verstande, mit einem intensiven Verstande. Mit dieser Bewegung, die über der Erde Platz greifen wird, wird die Erde überzogen werden wie mit einem Netz, einem Gewebe von furchtbaren Spinnen, Spinnen von einer riesigen Weisheit, die aber in ihrer Organisation nicht einmal bis zum Pflanzendasein heraufreichen, furchtbare Spinnen, die sich ineinander verstricken werden, die in ihren äußeren Bewegungen alles das imitieren werden, was die Menschen ausdachten mit dem schattenhaften Intellekt, der sich nicht anregen ließ von demjenigen, was durch eine neue Imagination, was überhaupt durch Geisteswissenschaft kommen soll. All dasjenige, was die Menschen an solchen Gedanken denken, die irreal sind, das wird wesenhaft. Die Erde wird überzogen sein, wie sie jetzt mit einer Luftschicht überzogen ist, wie sie sich manchmal mit Heuschreckenschwärmen überzieht, mit furchtbaren mineralisch-pflanzlichen Spinnen, die sehr verständig, aber furchtbar bösartig sich ineinander spinnen. [...]

Da hat man es nicht mit irgendetwas zu tun, aus dem heraus Entschlüsse gefasst werden könnten, die nur mit einer gleichgültigen Sympathie oder Antipathie zusammenhängen könnten, sondern da hat man es mit etwas zu tun, was durchaus eingreift in das ganze Gefüge des Kosmos, da hat man es damit zu tun, ob die Menschheit sich entschließen will in der gegenwärtigen Zeit, allmählich hineinzuwachsen in dasjenige, was ihr gute Geister, die sich mit den Menschen verbinden wollen, aus dem Weltenall heruntertragen, oder aber ob die Menschheit in dem Spinnengezücht der eigenen, bloß schattenhaften Gedanken, im Verstricktwerden, das weitere kosmische Dasein suchen will.

Es genügt heute nicht, dass man bloß in abstrakten Formeln die Notwendigkeit geisteswissenschaftlicher Erkenntnisse hinzeichnet, sondern es ist heute notwendig, dass man zeigt, wie Gedanken Wirklichkeiten werden. Das ist dasjenige, was so schrecklich ist bei allen abstrakten Theosophen, die auftreten, dass sie solche Abstraktionen hinstellen vor die Menschen, wie: Gedanken werden später Wirklichkeiten –, aber es ihnen nicht einfällt, die volle Tragweite, die konkrete Tragweite der Sache hinzustellen. Und diese konkrete Tragweite der Sache ist diese, dass die intellektuellen, schattenhaften Gedanken, die von den Menschen heute innerlich gesponnen werden, dass die einstmals als ein Spinnengewebe die Erde überziehen werden, und dass die Menschen verstrickt werden in dieses Spinnengewebe, wenn sie sich nicht erheben wollen von diesen schattenhaften Gedanken.«[16]

Wäre es zu weit gegriffen, wenn wir vermuten, dass Rudolf Steiner mit diesen Aussagen in seiner geistigen Vorausschau vor heute gut 100 Jahren auf unser Internet- und Roboterzeitalter hingewiesen hat? Es kann wohl keinen Zweifel daran geben, dass das Internet die ›Spielwiese‹ Ahrimans ist. Etwas plakativ könnte man sagen, dass Ahriman mit Hilfe dieses Mediums die Welt vernetzt hat, um so leichter große Menschenmassen erreichen, manipulieren und für seine Zwecke missbrauchen zu können. Das Internet kann für Ahriman das geeignete Trittbrett sein, die von ihm angestrebte Herrschaft über die Welt zu gewinnen. Menschliche Handlanger werden ihm dabei gern behilflich sein, vermutlich ohne zu wissen, wem sie dienen.

Besonders kritisch ist die »Künstliche Intelligenz« zu bewerten, die mehr und mehr auf dem Vormarsch ist und immer ausgefeilter wird. Freilich weist auch diese Technologie Vorteile auf. Das ist insbesondere immer dann der Fall, wenn beispielsweise mit Künstlicher Intelligenz gesteuerte Roboter den Menschen stupide, zeitaufwendige oder gefährliche Arbeiten abnehmen können.

Allerdings dürfen die höchst bedenklichen Einsatzgebiete nicht übersehen werden. So ist es gegenwärtig schon möglich, dass man mit dieser Technik ganze Romane oder wissenschaftliche Artikel verfasst und Symphonien komponiert. Das Fälschen von Bildern und Videos kann man im Handumdrehen veranlassen. Wenn man heute Bilder oder Videos im Internet anschaut, so ist kaum noch zu entscheiden, ob sie eine Wirklichkeit darstellen. Mit Hilfe von sogenannten »Chatbots« wie beispielsweise »ChatGPT« kann man Antworten auf beliebige Fragen finden. Im Gegensatz zu herkömmlichen Suchmaschinen können damit auch komplexe Aufgaben gelöst werden. Bei einer Umfrage unter deutschen Studenten gaben zwei Drittel der Befragten an, dieses System zu nutzen, wenn es um bestimmte Arbeiten im Rahmen ihres Studiums geht. Das geht natürlich ungleich schneller, als wenn man in Büchern oder seriösen Internet-Quellen recherchieren müsste. Man muss sich allerdings die Frage stellen, wer oder was die Antworten bzw. Lösungen vorgibt und welchen Interessen diese dienen.

Bis Mitte des letzten Jahrhunderts gab es ausschließlich Maschinen und Fahrzeuge, die nach den Gesetzen der Mechanik arbeiteten. Deren Funktionsweise konnte ein Fachmann noch bis ins kleinste Detail verstehen. Durch das Aufkommen der Elektronik und der Computer, deren Komplexität in atemberaubender Geschwindigkeit zunimmt, kann selbst ein Experte allenfalls noch den kleinen Teil, auf den er spezialisiert ist, durchschauen und verstehen. Durch die elektromagnetischen Vorgänge in diesen Gerätschaften stößt man bereits in die untersinnliche Welt vor, deren Wesen sich den Sinnen des Menschen nicht erschließen.

Namentlich die Künstliche Intelligenz hat bereits eine Eigendynamik entfaltet, die kein Mensch mehr überschauen und kaum noch kontrollieren kann. Der Mensch kann die von ihm selbst geschaffene Technik nicht mehr beherrschen. Rudolf Steiner wies darauf hin, dass sich selbst mit mechanischen Maschinen ahrimanisch-dämonische Wesen verbinden. Das ist natürlich bei den heutigen Technologien in noch höherem Maße der Fall. Diese Wesen übernehmen in gewissem Sinne die Aufgabe, diese Technologie zu beherrschen und in ihrem Sinne zu nutzen.

»Draußen, wenn wir zum Beispiel im Walde sind, wo alles aufgebaut ist von den Naturgeistern, da sind wir in einer ganz anderen Umgebung, als wenn wir in der Umgebung der Mechanismen sind, die wir auferbaut haben. Denn was tun wir, indem wir das, was wir der Natur entnehmen, mechanisch zusammenfügen für unser Leben zu Maschinen und Geräten? Da fügen wir nicht nur die Teile der Materie zusammen. Sondern dadurch, dass wir Teile der Materie zusammenfügen, geben wir jedes Mal Gelegenheit, dass ein ahrimanisch-dämonischer Diener sich mit der Maschine vereinigt. Bei jeder Maschine, bei jedem Mechanismus, bei allem, was in dieser Beziehung zum heutigen Kulturleben gehört, vollziehen wir das, dass wir dämonischen Elementargeistern, den ahrimanischen Naturen angehörenden Dienern einen Ansatzpunkt geben. Und indem wir in dieser Umgebung der Maschinen leben, leben wir dann zusammen mit diesen dämonisch-ahrimanischen Elementargeistern. Wir durchdringen uns mit ihnen; wir durchdringen uns nicht nur mit dem Gequietsche und Geknarre der Mechanismen, sondern auch mit dem, was im eminentesten Sinne für unseren Geist, für unsere Seele etwas Zerstörendes hat.«[17]

Einen möglichen Höhepunkt aller technologischen Verirrungen stellt die Idee des sogenannten »Transhumanismus« dar.

In neuerer Zeit treten immer mehr Wissenschaftler auf, die in dem Menschen nichts anderes als eine komplizierte ›Maschine‹, als einen ›biologischen, emotionsbegabten Roboter‹ sehen. Auf dieser These basieren die Ideen, Forschungen und Bestrebungen der Wissenschaftler und Technokraten, die auf diesem Gebiet des Transhumanismus tätig sind. Wenn der Mensch nichts weiter als eine Maschine ist – sagen sie –, so sei es doch ganz naheliegend, dass man die ›Maschine Mensch‹ mit anderen Maschinen verbindet oder dass man elektronische Bauelemente in den menschlichen Körper ein-pflanzt. Schließlich habe man beispielsweise mit der Implantation von Herzschrittmachern schon große Erfolge erzielt.

Wenn hier von einer angestrebten Verbindung oder gar Verschmel-zung von Mensch und Maschine die Rede ist, so geht das allerdings *weit* über die Implantation eines Herzschrittmachers, die ja einen durchaus guten Sinn hat, hinaus. Es geht dabei um viel mehr.

Wie alle Materialisten identifizieren die Transhumanisten das Wesentliche des Menschen mit seinem Gehirn. Trotz zahlloser Gegenbeweise aus der Nahtod-Forschung ist es unter den Wissen-schaftlern Konsens, dass es ohne ein funktionierendes Gehirn kein Bewusstsein geben könne. Sie gehen davon aus, eines nicht allzu fernen Tages einen ›perfekten‹, vielleicht sogar unsterblichen ›Men-schen‹ konstruieren zu können, indem sie das menschliche Gehirn in einen hoch-leistungsfähigen Roboter einpflanzen, der nie müde und nie krank werden kann. Diese Forschungen sind schon weiter gedie-hen, als man vielleicht glauben mag. Die Verschmelzung von Mensch und Maschine schreitet zügig voran, wenngleich man in der Öffentlichkeit davon eher wenig erfährt. Ray Kurzweil, Chefent-wickler des IT-Giganten »Google« sagte schon vor Jahren: *»Ich wage vorauszusagen, dass die Maschinen der Zukunft wie selbst-bewusste Wesen auftreten.«* Weiterhin prognostizierte er: *»Wir wer-den uns mit nicht-biologischer Intelligenz vermischen.«*[18]

Diese Entwicklung wird sich nicht aufhalten lassen.

Die Transhumanisten vertreten die Anschauung, dass der Mensch von der ›Natur‹ *unzureichend* ausgestattet sei und dass man ihn *perfektionieren* könne und müsse, indem man ihn mit entsprechen-den elektronischen Bauteilen verschmelze oder gar zu einer Maschi-ne umfunktioniere. Damit unterstellen sie de facto den guten Göt-tern, deren Weisheit den menschlichen Verstand um Lichtjahre übersteigt – und an die sie freilich nicht glauben –, dass diese nicht in der Lage gewesen seien, den Menschen so zu schaffen und zu entwickeln, wie es im göttlichen Weltenplan vorgesehen ist. Auch ignorieren sie die Notwendigkeit, dass der Mensch sich vermöge seiner Ich-Kräfte, von denen sie ebenfalls keine Ahnung haben, in der Zukunft *selbst* weiter vervollkommnen kann und muss.

Rudolf Steiner wies bereits im Jahre 1917 mehrfach darauf hin, dass es zu einem Verschmelzen zwischen Mensch und Maschine kommen werde.

»Der Mensch wird gewissermaßen seine Intentionen, seine Gedanken hineinleiten können in die Maschinenkräfte. Noch unentdeckte Kräfte in der Menschennatur werden entdeckt werden, solche Kräfte, welche auf die äußeren elektrischen und magnetischen Kräfte wirken.«[19]

Weiter sagte er, dass diese Entwicklung *sicher* kommen werde und dass die entscheidende Frage sei, *wie* und *zu welchem Zwecke* dieses Ziel in Angriff genommen werde:

»An solchen Stellen ist der Wille dazu vorhanden, die Menschenkraft zusammenzuspannen mit Maschinenkraft. Diese Dinge dürfen nicht so behandelt werden, als ob man sie bekämpfen müsste. Das ist eine ganz falsche Anschauung.

Diese Dinge werden nicht ausbleiben, sie werden kommen. Es handelt sich nur darum, ob sie im weltgeschichtlichen Verlaufe von solchen Menschen in Szene gesetzt werden, die mit den großen Zielen des Erdenwerdens in selbstloser Weise vertraut sind und zum Heil der Menschen diese Dinge formen, oder ob sie in Szene gesetzt werden von jenen Menschengruppen, die nur im egoistischen oder im gruppenegoistischen Sinne diese Dinge ausnützen. Darum handelt es sich.

Nicht auf das Was kommt es in diesem Falle an, das Was kommt sicher; auf das Wie kommt es an, wie man die Dinge in Angriff nimmt. Denn das Was liegt einfach im Sinne der Erdenentwickelung. Die Zusammenschmiedung des Menschenwesens mit dem maschinellen Wesen, das wird für den Rest der Erdenentwickelung ein großes, bedeutsames Problem sein.«[20]

Wenn es ›nur‹ um eine Verbindung oder ›Zusammenschmiedung‹ des Menschen mit Maschinen geht, so kann man etwa daran denken, dass Menschen in gesundheitlichen Notsituationen nur dadurch noch künstlich am Leben gehalten werden, dass sie an entsprechende Maschinen angeschlossen werden. In diesem Fall kann man gewiss nicht grundsätzlich davon sprechen, dass diese Maßnahme schlecht wäre. Während man den heutigen medizinischen Errungenschaften, der sogenannten »Apparate-Medizin« also noch durchaus positive

Aspekte abgewinnen kann, sieht es bei den meisten der aktuellen Intentionen der Transhumanisten anders aus. Bei diesen kann weder davon die Rede sein, dass sie selbstlos noch dass sie zum Heil der Menschheit sind.

Das gilt in noch stärkerem Maße für die Bestrebungen des soge-nannten »Posthumanismus«, den man nicht messerscharf vom Transhumanismus abgrenzen kann. Man kann ihn als eine weitere Ausbaustufe auffassen. Die Posthumanisten gehen nämlich noch einen Schritt weiter. Sie beschäftigen sich mit etwas ganz Absur-dem: mit einem Entwicklungszeitalter *nach* der Menschheit. Im Posthumanismus hat man das völlig pervertierte Ziel, einen »post-humanen Menschen« zu ›konstruieren‹, dessen intellektuelle Fähig-keiten die eines heutigen Menschen bei weitem übertreffen. Man plant einen ganz neuen Menschen, einen »Mensch 2.0« oder »Homo Deus«. Die Posthumanisten wollen also Gott spielen.

Ein posthumaner Mensch – besser gesagt eine solche Kreatur – soll ähnlich, wie es das Ziel der Transhumanisten ist, durch Ver-schmelzung von menschlicher und künstlicher Intelligenz geschaf-fen werden. Sein Bewusstsein soll nach Belieben in einen fremden Körper oder Rechner geladen werden können. Erreichen will man das durch modernste Nanotechnologie sowie durch eine Kombina-tion aus Gentechnologie, neuraler Schnittstellen, Internet-Schnitt-stellen, gedächtniserweiternder Drogen und implantierter Compu-tertechnologie. Eine solche Kreatur wäre natürlich auch unsterblich. Jeder halbwegs gesund fühlende Mensch müsste schon bei der bloßen Vorstellung dieses ›Zukunftsideals‹ von schauderhaftem Ekel erfüllt werden.

Aber genau das gehört zu den Intentionen der ahrimanischen und auch der asurischen Wesen (☞ S. 46). Sie möchten aus den Men-schen maschinenartige Wesen machen, die immer der materiellen Erdenwelt, also der Sphäre Ahrimans, verhaftet bleiben. Außerdem wollen sie verhindern, dass die heutige Erde eines Tages in die neue Jupitererde übergeht.

Interessanterweise wird der deutsche Philosoph Friedrich Nietzsche (1844 bis 1900) als ›Ahnherr‹ des Trans- und Posthumanismus be-zeichnet. Das ist deshalb so interessant, weil wir von Rudolf Steiner wissen, dass Nietzsche zeitweise von Ahriman besetzt war, wodurch er auch in den Wahnsinn getrieben wurde.

»Dann erst wurde man bekannt mit dem, was Nietzsche in der Zeit seines Verfalles geschrieben hat. Da sind vor allen Dingen zwei Werke, ›Antichrist‹ und ›Ecce homo‹: das sind zwei Werke, die Ahriman geschrieben hat – nicht Nietzsche, sondern ein ahrimanischer Geist, in Nietzsche inkorporiert.

Da trat zuerst Ahriman als Schriftsteller auf Erden auf. Er wird das fortsetzen. Nietzsche ist daran zerschellt. Man denke, welchen Impulsen man gegenübersteht, wenn man jenen Ideen gegenübersteht, die in Nietzsche gelebt haben in der Zeit, wo er aus jenem Geiste heraus jene glänzenden, aber teuflischen Werke geschrieben hat, die Werke ›Antichrist‹ und ›Ecce homo‹ – intelligente Werke!«[21]

Wie die Wissenschaftler und Technokraten, die auf dem Gebiet des Trans- bzw. Posthumanismus tätig sind, über den Menschen denken und welche menschenverachtende Zukunftsvisionen sie haben, kann man dem Buch »*Homo Deus: Eine Geschichte von Morgen*« von Dr. Yuval Noah Harari, der zu den Vordenkern der Transhumanisten gehört und bekennender Atheist ist, entnehmen. In diesem Pamphlet bezeichnet er die Mehrheit der Menschen als »nutzlose Masse«, »nutzlose Fresser« und »hackable animals«. Das könnte Ahriman höchst persönlich geschrieben haben! Die Bestrebungen dieser Wissenschaftler basieren unzweifelhaft auf Ahrimans Inspirationen. Natürlich benötigt er Menschen, die seine perfiden Pläne in die Tat umsetzen. Diejenigen Technologen, Wissenschaftler und Politiker, welche letztlich Ahrimans Pläne verwirklichen, merken gewiss nicht, dass sie wie Marionetten an den Fäden des großen ›Puppenspielers‹, an dessen Existenz sie als ›ordentliche‹ Materialisten ohnehin nicht glauben, hängen.

Könnte es eigentlich auf irgendeinem Gebiet des Weltenseins einen gewaltigeren Unterschied geben als auf dem soeben erwähnten: auf der einen Seite das widerwärtige Ziel Ahrimans, den Menschen zu einer untermenschlichen, roboterartigen Kreatur verkommen zu lassen, und auf der anderen Seite das erhabene Götterziel, dass der Mensch sich zu einem göttlichen, schaffenden Geistwesen entwickeln kann?

Allein schon die Bestrebung, einen *unsterblichen* Menschen zu ›konstruieren‹, kann nur als ein völlig pervertiertes Ideal, als Dystopie bezeichnet werden. Würde der Mensch nicht – oder vielleicht auch erst nach einigen Hundert Jahren – sterben, so würde er sich immer mehr seiner wahren geistigen Heimat und allem Geistigen entfremden. Es ist in der Tat eine Gnade, dass wir überhaupt sterben und anschließend wieder in die geistige Welt, unsere wahre Heimat, gehen *dürfen*!

Heute umgarnen uns die ahrimanischen Wesen vorwiegend noch mit eher ›softer‹ Technologie wie etwa intelligente Handys, »Smart Home«, virtuelle Internetwelten und dergleichen. Diese bringen zum Teil durchaus Vorteile mit sich und können das Arbeits- und Alltagsleben erleichtern. Viele Zeitgenossen sehen diese technischen ›Wunderwerke‹ völlig unkritisch und begrüßen sie uneingeschränkt. Das ist Luzifers ›Verdienst‹, der den Menschen suggeriert, dass diese ihnen das Leben leichter, angenehmer, erfreulicher und erfolgreicher gestalten könnten. Wenn die Menschheit aber nicht langsam aufwacht, wird sie auch den Schritt, den die Trans- und Posthumanisten anstreben, gern mitmachen.

Im Sommer 2024 wurde vermeldet, dass das Unternehmen *»Neuralink«* erstmals einem Menschen einen Computerchip ins Gehirn eingepflanzt hat. Die entsprechenden Forschungen und Experimente laufen schon seit Jahren auf Hochtouren. Man möchte durch solche Implantate Menschen, bei denen beispielsweise alle Gliedmaßen gelähmt sind, ermöglichen, Geräte mit ihren Gedanken zu steuern. Unternehmenschef Elon Musk schreibt dazu: *»Es erlaubt nur durch das Denken die Kontrolle über Handy oder Computer, und darüber über fast jedes Gerät.«*

Dass diese Technologie für Menschen, die bestimmte Krankheiten oder Behinderungen aufweisen, ein Segen sein kann, ist sicher richtig. Aber diese altruistische Intention ist vermutlich nur ein Köder, um bei der Masse der Bevölkerung eine Akzeptanz erreichen zu können. Unter dem Deckmäntelchen der Gesundheit und des medizinischen Fortschritts lässt sich alles gut verkaufen.

Es bedarf allerdings nicht allzu viel Phantasie, sich vorzustellen, zu welchen perfiden Zwecken diese Technologie eines Tages flächendeckend eingesetzt werden *könnte*.

Die Konfrontation mit diesen Entwicklungen und Bestrebungen gehört ganz gewiss zu den großen und besonders herausfordernden Lernaufgaben der heutigen Menschheit. Es liegt ganz wesentlich an uns, ob diese Technologien zum Heil oder zum Verderben der Menschheit eingesetzt werden.

Während es sich bei den ahrimanischen Bestrebungen im Zuge des Trans- bzw. Posthumanismus um einen schleichenden Prozess handelt, der sich über viele Jahre erstreckt, gibt es auch Ereignisse, bei denen Ahriman ganz punktuell eingreift.

Ein besonders entsetzliches Eingreifen fand am 11. September 2001 statt, als zwei Flugzeuge in die beiden großen Türme des World Trade Centers in New York reinflogen, wobei insgesamt fast 3.000 Menschen starben.

In dem hoch aufsteigenden Rauch, der aus den Twin Towers aufstieg, konnte man ganz deutlich ein ›Gesicht‹ oder – besser gesagt – eine ›Fratze‹ erkennen, die von einigen Fotografen festgehalten und im Internet veröffentlicht wurde. Diese Fratze hatte eine geradezu verblüffende Ähnlichkeit mit dem Konterfei Ahrimans, wie es Rudolf Steiner aus seiner Geistesschau wahrnehmen konnte und in der großen Holzplastik, die in der Mitte Christus, den Menschheitsrepräsentanten, zwischen den beiden Widersachern Luzifer und Ahriman zeigt, modellierte.

Hat Ahriman tatsächlich die Dreistigkeit besessen, seine Signatur zu hinterlassen?

Es sei noch kurz erwähnt, dass dieser fürchterliche Anschlag wie so viele Verbrechen in der Menschheitsgeschichte – denken Sie etwa an die Ermordung John F. Kennedys (1917 bis 1963) – bis zum heutigen Tage nicht wirklich aufgeklärt wurde. Gemäß offizieller Darstellung stürzten die beiden Gebäude ein, weil die von Terroristen gesteuerten Flugzeuge in sie reingekracht sind. Es gibt allerdings Baustatiker und Sprengungsexperten, die es für ausgeschlossen halten, dass die Türme dadurch so in sich zusammenstürzen konnten. Sie gehen davon aus, dass die Ursache vielmehr eine gezielte Sprengung war, um bei der US-amerikanischen Bevölkerung und den befreundeten Staaten eine Akzeptanz für den unmittelbar darauf folgenden Einmarsch in Afghanistan zu erreichen. Tatsache ist, dass das dritte Gebäude, das kleinere WTC 7, auch eingestürzt ist, obwohl es von keinem Flugzeug getroffen wurde. In diesem Fall kann es kaum eine andere Erklärung als eine Sprengung geben.

Somit ist auch die Frage offen, *wen* Ahriman für dieses unfassbare Verbrechen instrumentalisiert hat.

1.1.2.5 Ahrimans Wirken in der Gegenwart

Jemand, der mit offenen Augen durchs Leben geht, wird nicht umhinkommen, einzusehen, dass die Welt schon seit Jahren auf dem Kopf steht. Wir leben heute inmitten einer großen weltumspannenden Inszenierung, einer weltweiten Choreografie, bei der wir Zuschauer und Mitwirkende zugleich sind.

So richtig spürbar wurde es für jeden von uns, als im Frühjahr 2020 die sogenannte »Corona-Pandemie« ausgerufen wurde. Das Virus SARS-CoV-2 wurde als »Killervirus« bezeichnet, das zu Millionen Todesopfern führen würde. Die Regierungen fast aller Staaten und von ihnen als kompetent ausgewiesene Experten hämmerten den Bürgern über die Mainstream-Medien fast stündlich ein, wie gefährlich das Virus sei und dass man unbedingt strenge Maßnahmen einhalten müsse. Die auf Angst und Panik abzielende ›Propaganda-Maschinerie‹ – manche sprechen von einer »kognitiven Kriegsführung gegen die Menschheit« – verlief wie aus dem Lehrbuch. Bürger, die dem öffentlichen Narrativ kritisch gegenüberstanden, wurden auf das Heftigste diffamiert und aus der Gesellschaft ausgegrenzt. Man bezeichnete sie beispielsweise als »Verschwörungstheoretiker«, »Schwurbler«, »Covidioten«, »Aluhut-Träger«, »Querdenker«, »Wissenschaftsleugner« und bezeichnenderweise auch als »Esoteriker«. Zahlreiche Prominente – Künstler, Musiker, Schauspieler und Sportgrößen – waren sich nicht zu blöd, in den Chor der Panikschürer und Hetzer einzustimmen.
    Wir erinnern uns noch gut an die von den Regierungen vieler Länder verabschiedeten Maßnahmen wie beispielsweise Maskenzwang, Abstandsregeln, Kontaktverbote, Besuchsverbote in Altenheimen

und Krankenhäusern, Ausgangsbeschränkungen bis hin zu vollständigen Lockdowns. Um diese Maßnahmen beschließen zu können, wurden einige Grundrechte im Handumdrehen außer Kraft gesetzt. Wer sich nicht an diese Auflagen, die ja im Grunde Schikanen waren, hielt, musste mit empfindlichen Geldbußen rechnen.

Das Ausmaß der ›seelischen Schäden‹, die sich durch diese völlig überzogenen Ängste, die fürchterlichen sozialen Isolationen und die wirtschaftlichen Folgen bis hin zur Insolvenz bei vielen Menschen bereits zeigen und noch in der Zukunft zeigen werden, ist heute allenfalls zu erahnen. Die Praxen der Psychotherapeuten sind schon jetzt überlaufen. Die Gräben, die in vielen Familien und Freundeskreisen aufgerissen wurden, weil man aufgrund der unterschiedlichen Beurteilung der Lage in heftigen Streit geraten ist, werden wohl nur schwer wieder zugeschüttet werden können.

Es soll gar nicht einmal bezweifelt werden, dass die weitaus meisten Politiker ihre Entscheidungen in dem guten Glauben, das Richtige und Notwendige zu tun, getroffen haben. Das wäre ihnen auch im Hinblick auf ihr Karma zu wünschen...

Dann kam die große Impf-Kampagne. Impfungen gegen gewisse Krankheiten wie etwa Pocken oder Kinderlähmung mögen ja lange Zeit *vielleicht* noch eine ganz gute Berechtigung gehabt haben. *Spätestens* seit der Coronazeit haben Impfungen ihre Unschuld verloren.

Man ließ die Menschen glauben, dass nur eine Impfung vor dem tödlichen Virus schützen könne. Die Bürger wurden genötigt – und zum Teil gezwungen – sich mehrmals impfen zu lassen. Für Menschen, die im Gesundheitswesen tätig sind oder bei der Bundeswehr dienen, gab es sogar eine Impfpflicht. Eine *allgemeine* Impfpflicht wurde in einigen Ländern ebenfalls auf den Weg gebracht. In Deutschland scheiterte sie bei einer Abstimmung im Bundestag nur knapp. Wer sich nicht impfen ließ, wurde in unfassbarer Weise diffamiert, beschimpft und aus dem öffentlichen Leben ausgesperrt (2G-Regel). Die Parolen, mit denen man die Bürger zur Impfung nötigen wollte, lauteten: »Im nächsten Frühjahr wird es nur noch Geimpfte, Genesene und Gestorbene geben!«, »Kinder töten ihre Großeltern!«, »Impfverweigerer sind Sozialschädlinge!« usw.

Die aus dem Boden gestampften Vakzine basierten auf einer völlig neuartigen Technologie. Diese mRNA-Vakzine sind keine Impfungen gemäß der üblichen Definition eines Impfstoffes, sondern vielmehr genmanipulierte Seren, »Gen-Spritzen«.

Obwohl diese nur völlig unzureichend getesteten Substanzen *zunächst* nur eine Notfallzulassung bekamen, ließ sich die Mehrheit der Bürger in fast allen Ländern der Erde impfen.

Kritiker der Gen-Spritzen wurden und werden immer noch auf das Heftigste verunglimpft, verfolgt und bestraft. Diese werden von vielen als »Corona-Leugner«, »Impfgegner« und dergleichen bezeichnet. Friedlichen Demonstranten trat die Polizei mit Wasserwerfern und Knüppeln entgegen. Wissenschaftler, die sachlich aufklärten, werden aus dem öffentlichen Diskurs verbannt und verlieren zum Teil ihre Anstellung an der Universität. Nach dem Motto »Bestrafe einige – erziehe viele« werden beispielsweise Demonstranten oder Ärzte, die etwa Maskenbefreiungs-Atteste ausstellten, bis zum heutigen Tag juristisch verfolgt und zum Teil inhaftiert.

Die seit Sommer 2024 für jeden einsehbaren »RKI-Files«, also die Protokolle des Robert Koch-Instituts, beweisen eindeutig, dass sämtliche Maßnahmen *nicht* auf wissenschaftlich evidenten Fakten basierten, sondern seitens der Politik, namentlich des Gesundheitsministeriums, gewollt waren. Zahlreiche Studien seriöser und *unabhängiger* Wissenschaftler in aller Welt belegen ganz klar, dass alle Maßnahmen und namentlich auch die mRNA-Injektionen nutzlos und sogar höchst gefährlich sind. Die Fakten liegen auf dem Tisch. Jeder, der sich die Mühe macht, im Internet zu recherchieren und die Studien liest, kann heute wissen:

Die Genspritzen schützen weder vor einer Ansteckung noch vor einer Weitergabe des Virus.

Sie schützen auch nicht vor einem möglichen schweren Krankheitsverlauf. Ganz im Gegenteil: Die meisten Menschen, die aufgrund einer Corona-Infektion auf einer Intensivstation lagen, waren Geimpfte!

Die Spritzen können zu fürchterlichen Schäden bis hin zum Tod führen. Vermutlich sind allein in Deutschland einige Tausend Menschen an den Folgen dieser Spritze gestorben. Mehrere Hunderttausend leiden unter schweren, zum Teil irreversiblen Folgeerscheinungen.

Erstaunlicherweise ist es bis zum heutigen Tage (Anfang Januar 2025) immer noch zu keinem wirklichen Aufschrei – weder in den Systemmedien noch in breiten Teilen der Gesellschaft – gekommen. Seitens der Politik wird alles verharmlost und verdreht. Man räumt allenfalls ein, dass der Maskenzwang für Kinder in der Schule überzogen war. Auch viele Mitmenschen sind immer noch nicht aufgewacht. Immer wieder hört man: »Es war richtig, sich impfen zu lassen! Die Politiker wollen uns doch nichts Böses!« An der so dringend notwendigen Aufarbeitung hat die Mehrheit kein Interesse; denn die Mehrheit hat mitgemacht.

Noch heute wird sogar empfohlen, sich impfen zu lassen.

Wir werden an späterer Stelle noch über weitere Verirrungen und Missstände unserer Zeit sowie der nahen Zukunft zu sprechen kommen (☞ Kapitel 3, S. 111ff.).

✳✳✳✳✳✳✳✳✳✳✳✳✳✳✳✳✳✳✳✳✳

Eine Frage drängt sich in diesem Zusammenhang doch geradezu auf: Wie konnte es möglich werden, dass innerhalb *kürzester* Zeit – quasi von heute auf morgen – das Thema »Corona« einen so unfassbar breiten Raum im Leben der Weltbevölkerung einnehmen konnte und dass fast alle Länder auf gleiche Art und Weise reagierten, indem sie Angst verbreiteten und dann später die oben angesprochenen Maßnahmen im Gleichschritt ergriffen? Die Frage stellt sich umso mehr, wenn man bedenkt, wie unterschiedlich, ja gegensätzlich Staaten sonst zu handeln pflegen. Dass die weitaus meisten Menschen auf der Welle der Angst mitschwammen, ist gewiss ›Verdienst‹ der permanenten öffentlichen Panikmache, wodurch ihr Ich-Bewusstsein herabgedämpft wurde. Zahlreiche Menschen hatten fürchterliche Angst, an dem Virus schwer zu erkranken oder gar zu sterben, ihren Arbeitsplatz zu verlieren, aus der Gesellschaft ausgegrenzt zu werden oder als Außenseiter zu gelten.

Aber wer oder was steckt dahinter? Wer sind die Strippenzieher hinter den Kulissen? Wer sind die Urheber? Wer ist der Regisseur dieser ›genialen‹ Inszenierung?

Man könnte es sich nun einfach machen und sagen: Die Urheber sind die Politiker, welche uns diese Narrative vorsetzten, die dann von den System- bzw. Mainstream-Medien, die mehr und mehr vom Staat gelenkt werden, als alternativlos propagiert und von der Judikative und Exekutive mangels echter Gewaltenteilung mitgetragen wurden. Auch wenn das freilich nicht falsch ist, so wäre es doch eine recht oberflächliche Erklärung. Es ist doch ein offenes Geheimnis, dass die Macht der Politiker nahezu aller Staaten heute sehr begrenzt ist. Der jeweilige Präsident der USA wird immer als der »mächtigste Mann der Welt« bezeichnet. Das entspricht aber nicht den Tatsachen. Schon vor über 100 Jahren war es im Wesentlichen das Großkapital, das die Politik bestimmte.

»Interessant ist es, wie 1910 einer den schönen Satz geschrieben hat, dass es dem Großkapitalismus gelungen sei, aus der Demokratie das wunderbarste, wirksamste, biegsamste Werkzeug zur Ausbeutung der Gesamtheit zu machen. Man bilde sich gewöhnlich ein, die Finanzleute seien Gegner der Demokratie, schreibt der betreffende Mann – ein Grundirrtum; vielmehr seien sie deren Leiter und deren bewusste Förderer. Denn diese – die Demokratie nämlich – bilde die Spanische Wand, hinter welcher sie ihre Ausbeutungsmethode verbergen, und in ihr fänden sie das beste Verteidigungsmittel gegen die etwaige Empörung des Volkes.

Da hat einmal einer, der aufgewacht ist, gesehen, wie es nicht darauf ankommt, von Demokratie zu deklamieren, sondern wie es darauf ankommt, die Wirklichkeit zu durchschauen, nichts auf alle solche Schlagworte zu geben, sondern zu sehen, was wirklich ist. Heute wäre dies ganz besonders notwendig, denn man würde dann sehen, von wie wenigen Zentren aus die Ereignisse heute eigentlich gelenkt und geleitet werden, die so furchtbar, so blutig über die ganze Menschheit hin walten. Darauf wird man nicht kommen, wenn man immer in dem Irrwahn lebt, die Völker bekämpfen sich; wenn man sich immer einlullen lässt von der europäischen und amerikanischen Presse über irgendwelche Beziehungen, die in den gegenwärtigen Ereignissen zwischen den Völkern sein sollen.«[21a]

Heute geht die wirkliche *weltliche* Macht längst *nicht nur* vom Großkapital, sondern von gewissen ›globalen Eliten‹ bzw. ›Globalisten‹ aus. Hierzu gehören insbesondere bestimmte Persönlichkeiten aus dem finanziell-digitalen Komplex, einige sogenannte »Non-Governmental Organisations« (NGOs) wie beispielsweise das »World Economic Forum« (WEF) mit seinem Vorsitzenden Klaus Schwab, die »World Health Organisation« (WHO), die »Europäische Union« (EU) oder die Geheimdienste, etwa die CIA. Diese nicht durch Wahlen legitimierten Organisationen, die ganz wesentlich von multi-milliardenschweren selbsternannten Philanthropen wie beispielsweise Bill Gates finanziert werden, geben die Marschrichtung vor. Dann muss man selbstverständlich an die Rüstungs- und Pharmaindustrie sowie an die größten Finanzdienstleister wie »BlackRock« und »Vanguard« denken, die mit ihren unfassbaren Vermögenswerten schon heute einen Großteil der Welt besitzen und beherrschen. Diese zumeist verdeckten Machtstrukturen werden bisweilen als »Staat im Staate« oder »tiefer Staat« bezeichnet.

Viele kritische Bürger, die sich von den Darstellungen in den Systemmedien noch nicht haben entmündigen lassen, die noch selbst denken, anstatt sich beim Denken ›betreuen‹ zu lassen, werden das soeben Geschilderte teilen. Sofern sie spirituell nicht gut orientiert sind und womöglich sogar materialistisch denken, ist für sie die Frage nach den Urhebern damit geklärt.

Aber sind diese Leute wirklich die *eigentlichen* Urheber? Handeln sie wirklich nur aus *ureigenem* Antrieb und nur aus *ureigenem* Vermögen? Könnten Menschen – selbst wenn sie noch so intelligent sind und von noch so vielen Experten beraten werden und im Vorfeld alles in Planspielen geprobt haben – beispielsweise dasjenige, was in der Corona-Pandemie vorgegeben wurde und zu einer absoluten Gleichschaltung fast aller Länder führte, so teuflisch genial orchestrieren, dass sich der Großteil der Menschen in Angst und Schrecken versetzen ließ und zu allem bereit war, um sein Leben zu schützen?

Unsere Antwort lautet: nein!

Im Erdensein geschieht nichts, was nicht seinen *wahren Ursprung* in der geistigen Welt hätte, was nicht durch gewisse geistige Wesenheiten inspiriert ist. »Erfindungen und Entdeckungen fallen vom Himmel«, sagt man oftmals. Man meint damit, dass diese rein ›zufällig‹ gemacht würden. Sie fallen in gewisser Weise tatsächlich vom Himmel – allerdings nicht im sprichwörtlichen, sondern im wortwörtlichen Sinn.

Es gibt in unserer Erdenwelt nichts, was nicht sein geistiges Urbild in der Geisteswelt hat. Kein künstlerisches Werk, keine Erfindung ist *ursächlich* einem besonders genialen Menschen zuzuschreiben. Solche Menschen empfangen die Impulse zu ihrem Schaffen, das sie der Erdenwelt einprägen, durch eine Inspiration aus dem Devachan – sei es durch hohe Engelwesen, sei es durch die Seelen Verstorbener. Oftmals sagt man: »Dieser oder jener Mensch hatte einen guten *Einfall*.« Das deutsche Wort »Einfall« drückt sehr treffend aus, um was es sich dabei handelt: Es *fällt* etwas aus der Geisteswelt in die Erdenwelt *ein*.

Es ist auch wohl allgemeiner Konsens, dass die großen Komponisten ihre wundervollen und viele Menschen erhebenden Werke während ihres irdischen Daseins rein aus ihren eigenen Seelenkräften schaffen würden. Das ist aber im Allgemeinen nicht der Fall. Vielmehr werden sie dazu aus der Geisteswelt, wo diese Musik urständet, inspiriert. Diese Inspirationen können sie in begnadeten Momenten empfangen.

Der deutsche Arzt, Bergbauingenieur und Philosoph Benedict Franz Xaver Ritter von Baader (1765 bis 1841) hatte im 19. Jahrhundert dazu einmal gesagt: »*Wer Musik macht, erzeugt sie nicht, sondern öffnet nur mehr oder minder die Türe, durch welche wir die immerwährende Ur-Musik hören.*«[22]

Das Gleiche gilt im Grunde für alles, was unsere Wissenschaftler und Technologen erforschen und erfinden oder was sonst an neuen Impulsen in die Welt kommt.

Dass es sich etwa beim Transhumanismus, aber auch bei der Inszenierung der Corona-Pandemie – um nur zwei Beispiele anzuführen – nicht um eine positive und die Menschheit im spirituellen Sinne förderliche Bestrebung handelt, liegt auf der Hand. Das Gleiche gilt gewiss auch für bestimmte Pläne der globalen Elite, die wir erst etwas später thematisieren werden (☞ Kapitel 3, S. 111ff.). Also werden diese *nicht* von den geistigen Wesen der höheren Hierarchien, den guten Göttern, inspiriert sein.

Es kann nach unserem Dafürhalten im Grunde keinen Zweifel daran geben, dass der oberste ›Regisseur‹ Ahriman höchstpersönlich ist. Unterstützt wird er dabei von seiner Gefolgschaft – also den ahrimanischen Wesen – aber auch von den Asuras. Wenngleich diese oftmals im erweiterten Sinn zu den ahrimanischen Wesen gerechnet werden, muss man sehen, dass diese in ihrem Willen zum Bösen und in ihrer Machtfülle die ahrimanischen Wesen noch übertreffen, da sie bereits auf dem alten Saturn ihr Entwicklungsziel nicht erreicht haben und somit auf einer höheren Stufe stehen.

Werfen wir einen Blick auf die Strategien, die in der Coronazeit, aber auch noch gegenwärtig von den Globalisten, Politikern und Staatsmedien eingesetzt werden: auf Lügen und bestenfalls Halbwahrheiten basierende Ideologien und Narrative, Schüren von Angst und Panik, Verwirrung der Menschen, Spalten der Gesellschaft. Das alles sind ahrimanische ›Kernkompetenzen‹. Ahriman ist nicht nur der Herr des Intellekts, sondern auch der *»Vater der Lüge«*, wie es schon im Johannes-Evangelium heißt.[23]

In diesem Zusammenhang bekommt auch die Tatsache, dass im Jahre 2020 ausgerechnet *kurz vor Ostern* Gottesdienste für mehrere Wochen verboten wurden, eine besondere Note. Im Jahr darauf sprach die damalige Bundeskanzlerin zwei Wochen vor Ostern die eindringliche Bitte aus, auf die Veranstaltung von Präsenzgottesdiensten zu verzichten. Auch wenn sie kurz darauf wieder zurückgerudert ist, haben viele Kirchengemeinden in vorauseilendem Gehorsam monatelang nur digitale Gottesdienste gefeiert. Die Ostertage sind aber gerade die Zeit, in der viele Christen, die Gottesdienste besuchen, an das Mysterium von Golgatha erinnert werden und sich mit diesem mehr oder weniger bewusst zu verbinden versuchen. Das ist aber etwas, was Ahriman mit aller Macht verhindern möchte!

Noch wirkt Ahriman hinter der Kulisse der sichtbaren Welt. Nun können die ahrimanischen und auch die asurischen Wesen aber nicht ganz *unmittelbar* ins irdische Geschehen eingreifen. Selbstverständlich benötigen sie verkörperte Menschen, die ihnen als Handlanger dienen. Sie können selbstverständlich auf ›normale‹ Menschen, also auf jeden Einzelnen von uns einen schädlichen Einfluss ausüben, aber ein solcher ist im Normalfall nicht imstande *konkrete* ›Anweisungen‹ eines Geistwesens inspirativ zu empfangen, so dass er dessen Pläne umsetzen könnte. Auch wäre er dazu nicht intelligent genug.

Dazu bedarf es ganz besonderer Menschen. Das ist nur Eingeweihten möglich.

Es gibt ja nicht nur ›weiße‹ Eingeweihte wie etwa Rudolf Steiner, die sich mit Christus und den gut-göttlichen Wesen verbunden haben und zum Wohle und Segen der Menschheit wirken, sondern auch ›schwarze‹ bzw. ›schwarz-magische‹ Eingeweihte, die an der Spitze gewisser Bruderschaften, sogenannter »schwarzen Logen«[24], stehen. Während die Eingeweihten der weißen Loge ihre Erkenntnisse den Menschen offenbaren, sofern es für sie an der Zeit ist, behalten die der schwarzen Logen ihr Wissen für sich und missbrauchen es zu ihren Zielen. Mit ihren Mitteln können sie die Gedanken der Menschen lenken. Während die weißen Eingeweihten öffentlich wirken, wirken diese Bruderschaften bzw. Logen und ihre schwarzen Eingeweihten im Geheimen. Ihre fürchterlichen Machenschaften sind gigantisch. So ist es ihnen sogar möglich, gewisse Menschen so zu manipulieren und zu ›präparieren‹, dass diese nach ihrem Tod der Erdensphäre verhaftet bleiben und zu ihren Helfern werden.

Rudolf Steiner sagte dazu:

»Nun gibt es Bruderschaften, welche an ihrer Spitze Eingeweihte haben, die eben ein solches Interesse haben, den Materialismus zu pflegen, zu verbreiten. Diesen Materialisten dient es sehr gut, wenn immerfort davon geredet wird, dass der Materialismus eigentlich schon überwunden sei. Denn man kann auch irgendeine Sache mit den entgegengesetzten Worten anstreben; die Verfahrungsweisen sind oftmals recht komplizierte. Was wollen nun solche Eingeweihte, welche eigentlich ganz gut wissen, dass die Menschenseele ein rein spirituelles Wesen ist, ein spirituelles Wesen, ganz selbständig gegenüber der Leiblichkeit, und die dennoch die materialistische Gesinnung der Menschen hegen und pflegen?

Diese Eingeweihten wollen, dass möglichst viele Seelen da seien, welche hier zwischen Geburt und Tod nur materialistische Begriffe aufnehmen. Dadurch werden diese Seelen präpariert, in der Erdensphäre zu bleiben. Sie werden gewissermaßen in der Erdensphäre gehalten. Und nun denken Sie sich, dass Bruderschaften eingerichtet werden, die das genau wissen, die jene Verhältnisse gut kennen.

Diese Bruderschaften präparieren dadurch gewisse Menschenseelen so, dass diese Menschenseelen nach dem Tode im Reiche des Materiellen verbleiben. Wenn diese Bruderschaften dann – was möglicherweise in ihrer verruchten Macht liegt – die Veranstaltung treffen, dass diese Seelen nach dem Tode in den Bereich der Machtsphäre ihrer Bruderschaft kommen, dann wächst dieser Bruderschaft dadurch eine ungeheure Macht zu. Also diese Materialisten sind nicht Materialisten, weil sie nicht an den Geist glauben, so töricht sind diese Eingeweihten-Materialisten nicht, die wissen ganz gut, wie es um den Geist steht; aber sie veranlassen die Seelen, bei der Materie auch nach dem Tode zu bleiben, um sich solcher Seelen zu ihrem Zwecke bedienen zu können.

Also wird von solchen Bruderschaften eine Klientel geschaffen von Totenseelen, die im Bereiche der Erde verbleiben. Diese Totenseelen, die haben in sich Kräfte, die in der verschiedensten Weise gelenkt werden können, mit denen man Verschiedenes bewirken kann, wodurch man gegenüber denen, die in diese Dinge nicht eingeweiht sind, zu ganz besonderen Machtentfaltungen kommen kann. Das ist einfach eine Veranstaltung gewisser Bruderschaften. Und in dieser Sache sieht nur derjenige klar, der sich keine Finsternis und nichts Nebuloses vormachen lässt; der sich nicht vormachen lässt, dass es solche Bruderschaften entweder gar nicht gibt, oder dass ihre Dinge harmlos sind. Sie sind ganz und gar nicht harmlos, sie sind sehr harmvoll; die Menschen sollen im Materialismus noch immer weiter und weiter schreiten. Sie sollen nach dem Sinne solcher Eingeweihter glauben, dass es zwar geistige Kräfte gibt, aber dass diese geistigen Kräfte nichts anderes sind als auch gewisse Naturkräfte.

Nun möchte ich Ihnen doch das Ideal charakterisieren, das solche Bruderschaften haben. Man muss sich ein bisschen anstrengen, um die Sache zu verstehen. Denken Sie sich also eine harmlose Welt von Menschen, die ein wenig beirrt ist durch die heute herrschenden materialistischen Begriffe, die ein wenig abgeirrt ist von den alten, erprobten Religionsvorstellungen. Denken Sie sich solch eine harmlose Menschheit. [...]

Wie gesagt, diese Menschheit ist sich nur nicht recht klar über die geistige Welt; beirrt durch den Materialismus, weiß sie nicht recht, wie sie sich verhalten soll gegenüber der geistigen Welt. Namentlich weiß sie nicht recht, wie sie sich verhalten soll gegenüber denjenigen, die durch die Pforte des Todes gegangen sind. Nun nehmen wir an, hier sei das Gebiet solch einer Bruderschaft: diese Bruderschaft verbreite die Lehre des Materialismus, sie sorge, dass diese Menschen jedenfalls rein materialistisch denken. Dadurch bringt es diese Bruderschaft dahin, sich Seelen zu erzeugen, die nach dem Tode in der Erdensphäre bleiben. Diese werden eine spirituelle Klientel für diese Loge; das heißt, man hat sich dadurch Tote geschaffen, die nicht aus der Erdensphäre hinausgehen, sondern bei der Erde bleiben. Macht man nun die richtigen Veranstaltungen, so behält man sie in den Logen darinnen. Also man hat auf diese Weise Logen geschaffen, welche Lebende enthalten und auch Tote, aber Tote, welche verwandt worden sind den Erdenkräften.«[25]

Die Öffentlichkeit weiß natürlich nichts von den schwarzen Logen. Die einzelnen Mitglieder wissen auch nicht unbedingt, wer aus ihrem Kreis ein Eingeweihter ist. Es ist durchaus *möglich*, dass sich unter den Globalisten, also innerhalb der globalen Elite, Mitglieder der schwarzen Logen befinden.

Sofern wir nicht ganz fehlgehen, muss man also bei der Frage nach der Urheberschaft all dieser fürchterlichen Missstände und Pläne von einer Hierarchie bzw. einer Pyramide ausgehen.

Auf der höchsten Stufe stehen die ahrimanischen und asurischen Wesen, die aus übersinnlichen oder – wie man vielleicht auch sagen könnte – aus untersinnlichen Sphären wirken. Die zu treffenden Maßnahmen werden von oben nach unten angeordnet. Wenn die Persönlichkeiten auf den beiden unteren Stufen nicht mitspielen würden, würden sie *im günstigsten Fall* ihre Stellung verlieren. Freilich haben die wohl meisten mitgemacht, weil sie von den Vorgaben überzeugt waren oder weil es ihnen Vorteile brachte. Es gab allerdings auch einige Menschen, welche die große Inszenierung schon früh durchschaut und dann den Mut aufgebracht haben, trotz der drohenden Sanktionen nicht mitzuspielen.

Ahriman und seine
Gefolgschaft aus dem
Bereich der ahrimanischen
und asurischen Wesen

die schwarz-magisch Eingeweihten,
die Mitglieder der schwarzen
Logen und die ›präparierten‹ Seelen
gewisser Verstorbener

die Persönlichkeiten, die man zu den globalen
Eliten rechnet, gewisse global agierende
Organisationen und Geheimdienste

die Staatsoberhäupter und Minister der jeweiligen Länder
bis hin zu den Politikern auf Landesebene in konzertierter
Aktion mit gewissen Wissenschaftlern und den
Systemmedien sowie ›Prominenten‹, die sich vor den
Propaganda-Karren spannen ließen

Kommunal-Politiker sowie Behörden, Beamte, Ärzteschaft, Richter und Polizisten, welche die Maßnahmen durchführen und
überwachen

Eine ganz entscheidende Rolle nehmen die Systemmedien ein, die
längst ihren Anspruch, die ›vierte Gewalt‹ im Staat zu sein, verspielt
haben und mittlerweile schon fast zu den Staatsorganen gerechnet
werden können. Schließlich waren sie es, welche in der Coronazeit
die Propaganda in die Wohnzimmer der Bürger trugen und auf jedwede kritische Berichterstattung verzichteten.

Fatal war auch die Rolle, welche die beiden großen christlichen
Kirchen, sowohl die katholische als auch die evangelische, in der
Coronazeit gespielt haben. Beide warben für die Narrative einschließlich der Impfung. Der Papst entblödete sich nicht, das Impfen
als einen »Akt der Nächstenliebe« zu bezeichnen. Viele Kirchen,
selbst der Kölner Dom, wurden entweiht, indem sie zu Impfzentren
umfunktioniert wurden.

Wie schon angedeutet haben die Eingeweihten der schwarzen Logen
zahlreiche Möglichkeiten und schwarz-magische Fähigkeiten, von

denen ein normaler Mensch sich kaum eine Vorstellung zu machen vermag. Nur so kann man erahnen, wie es beispielsweise möglich war, die ganzen Maßnahmen in der Coronazeit zu planen und zu inszenieren und nahezu alle Regierungen dazu zu bringen, im Gleichschritt mitzumarschieren. Viele der Persönlichkeiten, die man zu den globalen Eliten zählt, und auch viele Politiker mögen sehr unmoralische, extrem egoistische Menschen mit Allmachtsphantasien sein, aber an die menschenverachtende Boshaftigkeit der Mitglieder der schwarzen Logen reichen sie nicht annähernd heran.

Wenn unsere These, dass wir es bei der Corona-Krise mit dem Wirken Ahrimans zu tun hatten, stimmt, kann man noch fragen, was er sich davon verspricht.

Nun, wie bereits angedeutet gehört es zu seinen Zielen, die Herrschaft über die Welt an sich zu reißen. Gäbe es da eine geeignetere Möglichkeit, als das im Zuge einer gewaltigen weltweiten Krise via Internet und sonstiger Massenmedien auf den Weg zu bringen? Man kann schon heute deutlich sehen, auf welchem Wege es Ahriman gelingen könnte, einen Großteil der Weltbevölkerung ›gleichzuschalten‹ und zu dominieren. Heute wird ja vielfach gemutmaßt, dass es einige der superreichen und damit mächtigsten Menschen der Welt seien, welche die Weltherrschaft anstreben. Die in diesem Zusammenhang häufig genannten Persönlichkeiten dürften jedem bekannt sein und müssen daher hier nicht namentlich aufgelistet werden. Das ist wohl auch ganz richtig. Allerdings geht dieses Bestreben im Grunde gar nicht aus deren Bewusstsein hervor. Sie werden aus unserer Sicht vielmehr von Ahriman benutzt. Schließlich kann er nicht selbst und ganz unmittelbar auf der Erde wirken – zumindest nicht, solange er sich *noch nicht* inkarniert hat. Bis dahin ist er noch in besonderem Maße auf menschliche Handlanger und Vollstreckungsgehilfen angewiesen.

An späterer Stelle werden wir noch über weitere Tendenzen schreiben, die in vielen westlichen Staaten – insbesondere in unserem Land, das offensichtlich den Ehrgeiz hat, eine Vorreiterrolle einzunehmen – zu beobachten sind und die zu einer Gleichschaltung der Menschen führen sollen (☞ Kapitel 3, S. 111ff.).

1.2 Der Sinn des Bösen

Bevor wir in Kapitel 3 auf die bevorstehende Inkarnation Ahrimans und insbesondere auch auf seine weiteren Machenschaften und Bestrebungen, mit denen er diese vorbereitet, zu sprechen kommen, wollen wir zunächst der Frage nachgehen, welchen ›Sinn‹ das Böse in der Welt überhaupt hat und wie man sich davor schützen kann.

Die Theologen werden seit Jahrhunderten an Fragen wie »Warum hat Gott nur das Böse zugelassen?« und »Wie lässt sich das Böse mit der Güte und Gerechtigkeit Gottes in Einklang bringen?« irre. In der Tat ist es so, dass die Widersacher, so gefährlich sie auch tatsächlich sind, ihre *gute* Berechtigung haben. Ansonsten hätten die göttlichen Weltenlenker ihr Wirken nicht zugelassen.

Nun ist nicht zu leugnen, dass Luzifer und insbesondere Ahriman uns Menschen sehr gefährlich werden können. Wir müssen uns also die Frage stellen, worin der Sinn dieser Widersacher und ihres Wirkens besteht.

Es gibt heute in allen Schichten der Gesellschaft unglaublich viele Naivlinge und Bequemlinge, die sehr sonderbare Vorstellungen von dem haben, was man ein erfülltes und sinnvolles Leben nennen könnte. Diese haben als höchstes Ideal, ein angenehmes, behagliches und sorgenfreies Leben zu führen, das ihnen viel Spaß und Freude bereitet. Sie wünschen sich, nur von netten Menschen umgeben zu sein, die ihnen keine Schwierigkeiten bereiten, immer gesund zu sein und möglichst bei klarem Verstand und körperlicher Fitness mindestens 90 Jahre alt zu werden. Wenn sie religiös gesinnt sind, beten sie zu Gott, dass er ihnen diese Wünsche erfüllen möge und hoffen, nach ihrem Tod, der möglichst ohne Schmerzen und Leiden erfolgen möge, ewige himmlische Freuden genießen zu können.

Im menschlichen Dasein, das sich über sehr viele Erdenleben erstreckt, geht es ganz wesentlich darum, an der eigenen geistig-seelischen Entwicklung zu arbeiten, diese mit heiligem Ernst zu betreiben. Um dieses Ziel zu erreichen, sind aber Widerstände bzw. unangenehme und schwierige Erlebnisse und Erfahrungen nicht nur hilfreich, sondern sogar *notwendig*. Wenn ein Kleinkind nicht dauernd auf irgendwelche Widerstände treffen würde, indem es hinfällt oder sich an irgendetwas stößt, könnte es niemals sein Ich-Bewusstsein entwickeln. So muss man sich auch den Sinn der beiden Widersacher denken. In Goethes *»Faust I«* sagt Mephisto: *»Ich bin ein Teil von jener Kraft, die stets das Böse will und stets das Gute schafft!«*[26] Die beiden Widersacher sind ihrem Ursprung nach keine bösen Wesen. Sie wollen zwar das Böse, schaffen aber letztendlich doch das Gute. Dass sie uns permanent Schwierigkeiten bereiten und uns Steine in den Weg legen, sollten wir als eine große Chance auffassen, durch die Überwindung dieser Widerstände reifen zu können. Auch wenn der folgende Vergleich die gewaltigen auf Ahriman zurückzuführenden Widerstände verharmlost, soll er zum besseren Verständnis gezogen werden. Denken wir an einen Gewichtheber. Wenn dieser sich im Training nicht anstrengt, wenn er immer nur mit den gleichen Gewichten trainiert, wird er niemals stärker werden, sich niemals verbessern können. Stärker werden kann er nur, wenn er sich im Training sehr anstrengt, sich vielleicht sogar quält, indem er immer höhere Gewichte (Widerstände!) auf die Hantel packt und in die Höhe wuchtet.

Es ist also keineswegs so, dass Luzifer und Ahriman, die man auch »Götter der Hemmnisse« nennen könnte, ausschließlich böse und gefährlich wären. Beide haben ihre Berechtigung im göttlichen Weltenplan. In gewisser Weise haben sie sich geopfert, indem sie sich der Entwicklung hemmend in den Weg gestellt haben. Dass eine unberechtigte, böse Tat auch ihre gute und segensreiche Seite haben kann, sieht man ja etwa ganz deutlich an dem Verrat des Judas. Durch diesen Verrat wurde Christus-Jesus ausgeliefert und schließlich gekreuzigt. Dieser Kreuzestod und die Auferstehung stellen aber letztlich einen in seiner Bedeutung kaum zu überblickenden Segen für die ganze Menschheit dar.

Auf der einen Seite konnten die Menschen sich durch das Aufkommen des Bösen von ihrer geistigen Heimat entfremden und gänzlich von ihrem von den guten Göttern vorgegebenen Ziel abirren. Auf der anderen Seite konnten sie dadurch aber zu einer gewissen Freiheit finden, die es ihnen gestattet, aus eigenem Antrieb und Entschluss heraus wieder zum Göttlichen zurückzufinden. Auch der Materialismus hat seine Aufgabe in der Welt. Die Menschheit wird einer gewaltigen Anstrengung bedürfen, um diesen eines Tages überwinden zu können. Durch diese Anstrengungen werden Kräfte freigesetzt, die zu einer gewaltigen geistig-seelischen Aufwärtsentwicklung verhelfen können.

Wenn man diese Darstellungen soweit annehmen kann, erscheint die Frage, warum Gott all dieses zulasse, die man im Zusammenhang mit menschlichem Leid, Elend und Tod immer wieder hören kann, mindestens genauso absurd wie die Frage, warum Gott uns überhaupt auf die Erde gesandt habe. Freilich erscheint es wie ein großes Paradoxon, dass das Böse und seine Repräsentanten einerseits sehr gefährlich und schädlich, andererseits und letztendlich aber äußerst förderlich für die Menschen sind.

Allerdings muss man konstatieren, dass die Herausforderungen und Widerstände, mit denen wir in der Gegenwart und insbesondere der näheren Zukunft konfrontiert werden, gigantischer sind, als das jemals der Fall war. Im Zeitalter der Bewusstseinsseele sollte der Mensch jedoch stark genug sein, um diese annehmen und vielleicht sogar überwinden zu können.

1.3   Schutz vor den Widersachern und ihre Erlösung

D ie luziferischen und ahrimanischen Wesen haben im gesamten bisherigen Verlauf der Weltenentwicklung ihre Wirksamkeit entfaltet.

»Aber sie haben gewirkt in Sphären, die es nicht notwendig machten, dass der Mensch ein deutliches Bewusstsein habe von der Art und Weise der Wirksamkeit dieser Mächte. Das ist gerade der Sinn unseres fünften nachatlantischen Zeitraumes, dass der Mensch immer mehr und mehr ein Bewusstsein empfange von dem, was eigentlich durch ihn im Erdendasein durchwirkt. Es würde auch im Grunde heute schon notwendig sein, viel, viel mehr von den Lebensgeheimnissen der Menschheit zu enthüllen, wenn die Menschheit geneigter wäre, die Dinge sachlicher und objektiver aufzunehmen.«

GA 191, S. 211 (Vortrag vom 2. November 1919 in Dornach)

Heute ist es von großer Bedeutung, dass wir das Wesen und Wirken Luzifers und Ahrimans in unser Bewusstsein heben, dass wir sie und ihre Bestrebungen erkennen. Nun läuft bekanntlich der Teufel nicht mit Hörnern, Pferdeschweif und Pferdehuf herum, so dass ihn jeder gleich erkennen könnte. *»Den Teufel spürt das Völkchen nie, auch wenn er sie beim Kragen hätte«* heißt es in Goethes *»Faust«*.[27]

In der Tat ist es – sofern man überhaupt geneigt sein sollte, von der Existenz der Widersacher auszugehen – nicht ganz einfach, sie zu erkennen. Ahriman hat mit großem Erfolg einen ganz perfiden Plan umgesetzt: Er hat den Materialismus in die Welt gebracht, dem ein Großteil der Menschheit verfallen ist. Ein Materialist hält geistige Wesen – und somit auch Ahriman – für nicht existent. Und bei etwas, was es nicht gibt, macht es auch keinen Sinn, es erkennen zu wollen! Eine genialere ›Tarnkappe‹ hätte sich Ahriman nicht überziehen können! Dass dieser Schachzug von Erfolg gekrönt ist, sieht man nicht nur daran, dass die Mehrheit der Menschen mittlerweile Materialisten geworden sind; selbst in vielen esoterischen, spirituellen und kirchlichen Kreisen werden die Widersacher nicht anerkannt oder zumindest nicht ernst genommen. Damit leistet man ihren Intentionen Vorschub.

Es ist nämlich wirklich von entscheidender Bedeutung, Luzifer und Ahriman zu erkennen. Denn sie können uns nur dann schaden, wenn sie *unerkannt* bleiben. Mit »Erkennen« ist hier selbstverständlich nicht gemeint, dass wir sie in irgendeiner Form sehen könnten, was nur einem hellsichtigen Menschen möglich ist. Gemeint ist damit vielmehr, dass wir bemerken, wann und mit was sie uns gerade am Kragen haben, was sie mit uns vorhaben, zu was sie uns verführen wollen.

Wie können wir bemerken, dass uns Luzifer am Kragen packt?

Wenn wir uns selbst wieder einmal zu sehr in den Mittelpunkt stellen, wenn unser Egoismus aufflammt, wenn wir eitel oder hochmütig werden, uns selbst überschätzen und uns für wichtiger halten als unsere Mitmenschen, wenn uns zügelloser Ehrgeiz packt, wenn wir zu einer unkritischen Selbstzufriedenheit neigen, können wir sicher sein, dass Luzifer uns gerade am Wickel hat.

»Dieses Luziferische ist heute eigentlich furchtbar mächtig in der gegenwärtigen Menschheit. Es prägt sich dieses Luziferische heute aus in einem Egoismus, den die meisten Menschen bei sich gar nicht bemerken. Denken Sie nur, wie oft trifft man heute Menschen an, die, wenn sie irgendetwas getan haben, zufrieden sind, wenn sie, wie sie oftmals sagen, die Sache so verrichtet haben, dass sie sich keinen Vorwurf zu machen haben, dass sie nach bestem Wissen und Gewissen die Sache gemacht haben. Das ist ein rein luziferischer Gesichtspunkt, der geltend gemacht wird. Denn es kommt bei dem, was wir im Leben tun, gar nicht darauf an, ob wir uns einen Vorwurf zu machen brauchen oder keinen Vorwurf zu machen brauchen, sondern es kommt darauf an, dass wir die Dinge objektiv, ganz abgesehen von uns objektiv erfassen, dass wir die Welt durchschauen, dass wir aus objektivem Tatsachenverlauf heraus die Dinge vollziehen.«

GA 191, S. 218 (Vortrag vom 2. November 1919 in Dornach)

Auch wenn wir beispielsweise mit Feuereifer und überzogenem Enthusiasmus oder gar Fanatismus zu irgendeiner Handlung schreiten, so können wir darin das Wirken Luzifers erkennen und uns dann ein wenig zurücknehmen oder vielleicht sogar die Berechtigung der geplanten Handlung hinterfragen. Damit soll natürlich nichts gegen die grundsätzliche Berechtigung von Enthusiasmus gesagt sein. Wenn wir etwa wieder einmal nicht abwarten können, bis irgendein Ereignis eintritt, bis wir die Früchte unserer Arbeit oder Bemühungen, auch solche auf der Ebene der spirituellen Entwicklung, ernten können, dürfen wir sicher sein, dass es Luzifer ist, der uns einflößt, alles ginge nicht schnell genug. Auch wenn wir wieder einmal himmelhoch jauchzend sind und alles durch die rosarote Brille sehen, ist Luzifer gewiss nicht weit. Selbst wenn wir Gottesdienste oder spirituelle Veranstaltungen nur deshalb besuchen, um unser Gemüt zu befriedigen oder um ein wohliges Behagen zu verspüren, dürfen wir sicher sein, auf der Seite des luziferischen Prinzips zu stehen.

Das wirksamste Gegenmittel, das wir gegenüber Luzifer haben, ist tiefste *Demut* und *Selbstbescheidenheit*. Wenn wir vor dem Schlafengehen auf unser Tagwerk schauen, so sollten wir nicht stolz auf das Vollbrachte sein, sondern den Göttern danken, die unser Tun und Handeln ermöglicht und geleitet haben.

Wie können wir bemerken, dass uns Ahriman am Kragen packt?

Wenn wir zwar nicht gerade Materialisten sind, aber ungeprüft irgendwelche materialistischen Dogmen – seien es kirchliche oder wissenschaftliche – übernehmen, so ist es ganz sicher, dass er uns am Kragen hat. Wenn wir etwa wieder einmal zu trocken und abstrakt über eine Naturerscheinung, die sich den äußeren Sinnen darbietet, nachsinnen, können wir darin das Wirken Ahrimans erkennen und uns bemühen, das Geistige, das sich hinter jedem Sinnesschein verbirgt, ahnend zu ergreifen, ohne dabei ins Schwärmerische abzugleiten. Wenn wir von übertriebener Furcht, von Sorgen und Zukunftsängsten verzehrt zu werden drohen, ist Ahriman auch nicht weit. Mit jeder Lüge machen wir ihm eine große Freude. Auf Lügen bewusst zu verzichten, ist viel schwerer, als man glauben mag. Eine Lüge liegt nicht nur dann vor, wenn man absichtlich und voll bewusst etwas behauptet, von dem man weiß, dass es nicht der Wahrheit entspricht und das im schlimmsten Fall dem Belogenen sogar großen Schaden zufügen kann. Zu den Lügen zählen auch die sogenannten Notlügen und Ausreden. Selbst unaufrichtige Komplimente, die man aus Höflichkeit oder Konvention ausspricht und von denen man sich vielleicht einen Vorteil erhofft, sind nichts anderes als Lügen.

Zur Unwahrheit gehört auch, wenn wir etwas tun, was unserer inneren Überzeugung widerspricht. *Novalis*, von dem wir dank Rudolf Steiner wissen, dass er der wiedergeborene *Johannes der Täufer*, und der wiederum der reinkarnierte *Elias* war, wies darauf wie folgt hin:

> *Der Mensch besteht in der Wahrheit.*
> *Gibt er die Wahrheit preis, so gibt er sich selbst preis.*
> *Wer die Wahrheit verrät, verrät sich selbst.*
> *Es ist hier nicht die Rede vom Lügen,*
> *sondern vom Handeln gegen Überzeugung.*

Die meisten Menschen in der zivilisierten Welt sind heute beruflich in einem hoch-technokratischen Umfeld tätig, in dem sie ständig mit Computern, Robotern und dergleichen zu tun haben. Natürlich sollten sie diesen ›ahrimanischen Errungenschaften‹ nicht fliehen, was in unserer Zeit auch gar nicht möglich wäre. Allerdings sollten sie sich auch nicht an diese ›Wunderwerke der Technik‹ verlieren, sondern sich immer wieder einmal klarmachen, dass ein solches technisches Szenario die ›Spielwiese‹ Ahrimans ist. Er ist der eigentliche Urheber. Wenn man mit dem richtigen Bewusstsein eine solche Arbeit ausführt, so kann sie keinen großen Schaden anrichten. Auch ist es wichtig, dass man sich bemüht zu erkennen, was die Technologie, insbesondere die Künstliche Intelligenz mit den Menschen macht bzw. machen will.

Ein wirksames Gegenmittel gegen Ahriman ist *Zufriedenheit*.

»Indem man zufrieden ist mit dem, was einem beschieden ist: Erfreue dich dessen, was dir gewährt ist, entbehre gerne, was dir nicht beschert ist! – Dann kann Ahriman nicht an uns heran. Man soll nicht wunschlos sein, kein Asket, der die Welt flieht, aber auch nicht voller Freude nur, sondern die Waage halten zwischen beiden.«[28]

In fernster Zukunft wird es die Aufgabe der Menschen sein, Luzifer und Ahriman zu *erlösen*, damit diese sich wieder in den rechtmäßigen Strom der Evolution einordnen können. Durch was können die beiden von uns erlöst werden?

»Die Erlösung des Luzifer geschieht durch die Liebe, durch die höhere Liebe, welche frei von Egoismus ist.«[29]

»Die Erlösung des Ahriman geschieht durch das Denken. – Als Mittel gegen zu starke ahrimanische Angriffe ist das Durchdenken des ersten Kapitels des Johannes-Evangeliums sehr zu empfehlen: ›Im Anfang war das Wort...‹ [Prolog, erstes Kapitel] **und das achte Kapitel.«**[29]

In seinem vierten Mysteriendrama *»Der Seelen Erwachen«* lässt Rudolf Steiner den Benediktus dazu sprechen, was den Weg zur Erlösung Ahrimans weist:

Jetzt erst erkenn' ich Ahriman, der selbst
Von hier entflieht, doch seines Wesens Kunde
Gedankenhaft in meinem Selbst erschafft.
Er strebt das Menschendenken zu verwirren,
Weil er in ihm die Quellen seiner Leiden
Durch einen altvererbten Irrtum sucht.
Er weiß noch nicht, dass ihm Erlösung nur
In Zukunft werden kann, wenn er sein Wesen
Im Spiegel dieses Denkens wiederfindet.[30]

Kapitel 2

Die Inkarnation Luzifers im 3. Jahrtausend vor Christus

*I*n diesem Kapitel wollen wir kurz über die Inkarnation Luzifers, die bereits im 3. vorchristlichen Jahrtausend – also in der ersten Zeit der dritten nachatlantischen Kulturepoche – stattfand, berichten. Nach Angaben Rudolf Steiners inkarnierte sich Luzifer in einem physischen Leib weit im Osten Asiens auf dem Boden des heutigen China.

2.1 Luzifer, der Inspirator der heidnischen Urweisheit

Wie bereits im Vorwort erwähnt kam Rudolf Steiner in seinen Vorträgen in den vier Städten Zürich, Dornach, Bern und Stuttgart, welche insbesondere die Inkarnation Ahrimans zum Thema hatten, zunächst auf die Inkarnation Luzifers zu sprechen.

Dabei ging er von der alten heidnischen Kultur aus, die er folgendermaßen charakterisierte:

> »Das Eigentümliche dieser alten heidnischen Kultur ist, dass sie vorzugsweise eine Kultur der Weisheit ist, eine Kultur des Hineinschauens in die Dinge und Vorgänge der Welt. Wenn auch dasjenige, was der alte Heide wiedergab von seinem Wissen über die Welt, herausgeströmt war aus den alten Mysterien, für die heutige ›gescheite‹ Welt einen mythischen Charakter, einen Bildcharakter hat, so muss doch gesagt werden, dass alles dasjenige, was an solchen Bildern auf die Nachwelt gekommen ist, entstammt tiefen Einblicken in das Wesen der Dinge und Vorgänge. Man braucht nur sich zu erinnern übersinnlicher Weistümer, die wir versuchten aus den verschiedenen Gebieten dieser alten Zeit für die Gegenwart bloßzulegen, und man wird schon sehen, dass man es zu tun hat mit einer Urweisheit, die den Grund alles Denkens, alles Empfindens, alles Fühlens der alten Völker bildet.«

GA 191, S. 195f. (Vortrag vom 1. November 1919 in Dornach)

Diese uralten heidnischen Weistümer enthielten noch keine Impulse für ein sittlich-moralisches Handeln. Dieser bedurften die damaligen Menschen auch noch nicht. Sie fühlten sich noch als Glied des Kosmos. Aus den Mysterien empfingen sie die Antriebe zu ihrem Handeln und ihrem Verhalten.

> »[...] aber diese heidnischen Weistümer, sie enthalten keinen eigentlich sittlichen Antrieb für das menschliche Handeln. Man brauchte gewissermaßen diese sittlichen Antriebe für das menschliche Handeln nicht; denn ungleich demjenigen, was heute als Wissen, als Erkenntnis unter den Menschen figuriert, war diese alte heidnische Weisheit etwas, was dem Menschen wirklich das Gefühl und die Empfindung gab, dass er drinnensteht im ganzen Kosmos. [...]
>
> Der Mensch fühlte sich als ein Glied des ganzen Kosmos und er fühlte nicht etwa nur abstrakt, wie er ein Glied des ganzen Kosmos sei, sondern er bekam Anhaltspunkte aus seinen Mysterien heraus, wie er zum Handeln, zu seinem ganzen Verhalten vorzuschreiten habe im Sinne des Sternenlaufes. Was alte Sternenweisheit war, war ja keineswegs jene rechnerische Astrologie, welche heute die Menschen für etwas Bedeutsames halten, sondern es war jene alte Sternenweisheit etwas, was von den Leitern der alten heidnischen Mysterien so gefasst wurde, dass da von diesen Mysterien herauskommen konnten wirkliche Antriebe für das Handeln, für das Verhalten des einzelnen Menschen. Der Mensch wusste sich gewissermaßen geborgen im Kosmos, nicht nur durch eine allgemeine Weisheit, sondern was er vom Morgen bis zum Abend an einem Tag des Jahres zu tun hatte, das lasen ihm ab und gaben ihm als Direktiven diejenigen, die er anerkannte als die Initiierten in den Mysterien.
>
> Aber es war aus alldem, was da die Initiierten aus den Mysterien ablasen, für die chaldäische, für die ägyptische Weisheit nicht zu gewinnen irgendein moralischer Antrieb für die Menschheit.«

GA 191, S. 196f. (Vortrag vom 1. November 1919 in Dornach)

Der eigentliche sittlich-moralische Antrieb wurde für die Menschheit erst durch das Judentum vorbereitet und dann später durch das Christentum weiter ausgebildet.[1]

Wir kommen nun zu der entscheidenden Frage: Woher rührt diese großartige heidnische Urweisheit? Wer ist ihr Urheber?

»Diese Frage beantwortet sich aber für die Initiationsweisheit nur durch eine sehr, sehr gewichtige Tatsache, durch die Tatsache, die eben weit drüben in Asien sich vollzog im Beginn des 3. Jahrtausends der vorchristlichen Zeitrechnung. Da findet der zurückschauende seherische Blick, wie auch eine Inkarnation einer übersinnlichen Wesenheit in einem Menschen stattfand, so wie durch das Ereignis von Golgatha eine Inkarnation einer übersinnlichen Wesenheit, des Christus, in dem Menschen Jesus von Nazareth stattgefunden hat. Diejenige Inkarnation, die am Beginn des 3. vorchristlichen Jahrtausends stattgefunden hat, die außerordentlich schwierig zu verfolgen ist, auch mit der Wissenschaft des Schauens, der Initiationswissenschaft, gab der Menschheit außerordentlich Glanzvolles, außerordentlich Einschneidendes. Und was sie da der Menschheit gab, das ist im Grunde genommen wesentlich jene alte Urweisheit. Zunächst, äußerlich genommen, ist die Sache so, dass man sagen kann, es war eine tief in die Realitäten eindringende Weisheit, kalt, bloß auf Ideen gehend, wenig von Gemütsinhalt durchzogen. Das ist äußerlich genommen. Innerlich kann man erst beurteilen, was diese Weisheit eigentlich war, wenn man eben auf jene Inkarnation zurückgeht, die in Asien drüben im Beginn des 3. vorchristlichen Jahrtausends stattgefunden hat. Da war, so zeigt es sich dem zurückschauenden seherischen Blick, tatsächlich eine wirkliche Menschheitsinkarnation der luziferischen Macht. Und diese Inkarnation Luzifers in der Menschheit, die in einer gewissen Weise sich vollzogen hat, war der Ursprung der weit ausgebreiteten, auf dem Grunde der dritten nachatlantischen Menschenkultur liegenden Urweisheit.«

GA 193, S. 162f. (Vortrag vom 27. Oktober 1919 in Zürich)

»Und ein großer Teil der alten Kultur ist eben inspiriert von der Seite her, die nur bezeichnet werden kann als eine irdische Inkarnation Luzifers in einem Menschen, der in Fleisch und Blut gelebt hat.«

GA 191, S. 198 (Vortrag vom 1. November 1919 in Dornach)

Bis in die ägyptisch-babylonische Kultur und sogar noch bis in die griechische Epoche wirkte dasjenige nach, was aus luziferischer Weisheit als Kulturimpuls unter den Menschen verbreitet war. Sehr viel Schönes und Großes – auch die griechische Dichtung und Schönheit in der Kunst – ist für die Menschheit aus dieser Luziferströmung hervorgegangen.

> »Bis in die Griechenzeit herein wirkte noch dasjenige nach, was aus diesem Impuls, aus diesem Kulturimpuls des asiatisch-luziferischen Menschen sich unter der Menschheit verbreitete: Luziferische Weisheit, wie sie der Menschheit durchaus in jener Entwickelungsepoche nützlich war, glanzvoll in einer gewissen Weise, abgestuft, je nach den verschiedenen Völkern und Rassen, unter denen sie sich verbreitete, deutlich erkennbar durch ganz Asien hindurch, dann noch in der ägyptischen Kultur, in der babylonischen Kultur, aber wie gesagt, selbst noch auf dem Grunde der griechischen Kultur. Alles, was die Menschen denken, dichten, wollen konnten in der damaligen Zeit, war in einer gewissen Weise durch diesen luziferischen Einschlag in die Menschheitskultur bedingt.«
>
> GA 193, S. 163 (Vortrag vom 27. Oktober 1919 in Zürich)

Als das Mysterium von Golgatha stattfand, waren die Menschen in ihrem Denken und ihrem Empfinden noch ganz von dem durchdrungen, was durch den luziferischen Impuls in ihr Denken, Fühlen und Empfinden hineingetragen wurde.[2]

Dann kam in der welthistorischen Zeitenwende etwas ganz anders Geartetes in die Entwicklung der zivilisierten Menschheit hinein: der *Christus-Impuls.*

> »In dasjenige, was von Luzifer als das Beste den Menschen gegeben war, leuchtete der Christus-Impuls hinein. – Und aufgenommen wurde der Christus-Impuls in den ersten christlichen Jahrhunderten so, dass man sagen könnte: Mit dem, was die Menschen von Luzifer aufgenommen hatten, verstanden sie den Christus.

Solchen Dingen muss man unbefangen gegenüberstehen, sonst wird man nie die besondere Artung der Aufnahme des Christus-Impulses in den ersten Jahrhunderten wirklich verstehen können. Als dann der luziferische Impuls immer mehr und mehr aus den Gemütern der Menschen verschwand, da waren die Menschen auch immer weniger und weniger imstande, den Christus-Impuls wirklich richtig in sich aufzunehmen.«

GA 193, S. 164 (Vortrag vom 27. Oktober 1919 in Zürich)

Erst durch die Inkarnation Christi wurde das, was Luzifer brachte, aus der Einseitigkeit herausgehoben.

»Es wurde ja sogar das Christentum, das Mysterium von Golgatha, als es unter den Menschen sich abspielte, zuerst so gefasst, wie die Menschen es fassen konnten durch dasjenige, was sie aus der alten luziferischen Weisheit bekommen konnten. Auch die Einseitigkeit der aber sonst außerordentlich tiefsinnigen Gnosis rührt davon her, dass eben über die alte Welt diese Luzifer-Inkarnation ging. Man versteht nicht richtig die volle Bedeutung des Mysteriums von Golgatha, wenn man nicht weiß, dass ihm – nicht ganz dreitausend Jahre – vorangegangen ist eine Luzifer-Inkarnation.

Um zu dieser Luzifer-Inspiration dasjenige hinzuzufügen, was diese Luzifer-Inspiration aus der Einseitigkeit herausholt, kam die Christus-Inkarnation. Und damit kam dasjenige, was nun den menschheitlichen Erziehungsimpuls bildet für die Entwickelung der europäischen Zivilisation und ihres amerikanischen Anhanges.«

GA 191, S. 198 (Vortrag vom 1. November 1919 in Dornach)

Ohne diese luziferische Weisheit wäre es in den ersten nachchristlichen Jahrhunderten nicht möglich gewesen, ein Verständnis für das Mysterium von Golgatha zu erringen.

»Sehen Sie, wäre die luziferische Weisheit nicht gewesen, so hätte man nicht durch die Gnosis der ersten Jahrhunderte ein Verständnis errungen für das Mysterium von Golgatha. Denn als die luziferische Weisheit in die Dekadenz kam, da kam allmählich auch das Verständnis für das Mysterium von Golgatha in Abnahme.«

GA 191, S. 222 (Vortrag vom 2. November 1919 in Dornach)

2.2 In welcher menschlichen Persönlichkeit hat sich Luzifer inkarniert?

E s wäre natürlich interessant zu wissen, ob dieser Mensch, in dessen Hüllen – physischer Leib, Ätherleib und Astralleib – sich Luzifer verkörpert hatte, eine historisch bekannte Persönlichkeit war. Dass sich ein so hohes Geistwesen wie Luzifer nicht in einem ›Durchschnittsmenschen‹ inkarnieren konnte, liegt auf der Hand. Es darf als sehr wahrscheinlich betrachtet werden, dass die Persönlichkeit, die zum Träger Luzifers wurde, ein hoher Eingeweihter war, der möglicherweise auch Spuren hinterlassen hat, welche die heutige Geschichtsforschung vielleicht noch auffinden kann.

Rudolf Steiner hat nie einen Namen angegeben. Er gab allerdings einen wichtigen Hinweis:

»Da trug sich eben etwa im Beginn des 3. Jahrtausends im Osten Asiens drüben ein bedeutsames Ereignis zu. Es wuchs heran, ohne dass man es wehrte, ein Kind aus einer der damaligen asiatischen vornehmen Familien in der Umgebung der Zeremoniendienste der Mysterien. Die Umstände boten sich so, dass dieses Kind eben teilnehmen durfte an den Zeremonien, wohl dadurch, dass die leitenden Mysterienpriester es als eine Inspiration empfanden, dass sie solch ein Kind einmal teilnehmen lassen sollten.

Und als der Mensch, der in diesem Kinde lebte, etwa vierzig Jahre alt geworden war, so ungefähr, da stellte sich etwas Merkwürdiges heraus. Da zeigte es sich – und es muss durchaus gesagt werden, dass die Mysterienpriester das Ereignis gewissermaßen prophetisch vorausgesehen haben –, dass dieser Mensch, den man heranwachsen ließ in einem der ostasiatischen Mysterien, gegen sein vierzigstes Jahr hin plötzlich den Sinn desjenigen, was früher nur durch Offenbarung in die Mysterien hereingekommen war, durch die menschliche Urteilskraft zu erfassen begann. Er war gewissermaßen der erste, der sich der Organe des menschlichen Verstandes, aber nur in Anlehnung an die Mysterien, bedienen durfte.

Wenn wir das, was die Priester der Mysterien über diese Angelegenheit sagten, in unsere heutige Sprache übersetzen, dann müssen wir sagen: In diesem Menschen war nicht mehr, nicht weniger als Luzifer selbst inkarniert.«

GA 193, S. 185 (Vortrag vom 4. November 1919 in Bern)

Heute geht man in anthroposophischen Kreisen davon aus, dass es sich bei der Persönlichkeit, in die sich Luzifer inkarnierte, um den legendären »Gelben Kaiser« Huáng Di, den Begründer der chinesischen Kultur, gehandelt haben könnte. Dieser wird zu den fünf chinesischen Urkaisern gerechnet. Seine Regierungszeit wurde von jesuitischen Missionaren anhand chinesischer Chroniken berechnet und später von den Befürwortern eines universellen Kalenders, der mit dem Gelben Kaiser beginnt, akzeptiert. Diese erstaunlichen rund 100 Jahre seiner Regierungszeit sollen in der Zeit von 2696 bis 2598 v. Chr. gelegen haben. Diese Lebensdaten würden ja auch mit der die Inkarnation Luzifers betreffenden Zeitangabe Steiners – »etwa im Beginn des 3. Jahrtausends« oder »nicht ganz dreitausend Jahre« vor dem Mysterium von Golgatha – durchaus übereinstimmen.

Auch die Tatsache, dass sich in neuerer Zeit die meisten Historiker einig sind, dass es sich bei Huáng Di ursprünglich um eine *Gottheit* gehandelt habe, die erst später in eine menschliche Persönlichkeit ›umgewandelt‹ wurde, könnte ein Indiz dafür sein, dass dieser legendäre Kaiser der verkörperte Luzifer war, der ja ein ›Gott‹ ist.

Auch manche andere Überlieferungen deuten darauf hin: So wird Huáng Di als »kosmischer Herrscher« und als Förderer der esoterischen Künste dargestellt. Traditionell werden ihm zahlreiche Erfindungen und Innovationen sowie eine große Anzahl von Abhandlungen über medizinische und politische Themen zugeschrieben.

Aus obigem Zitat geht ja auch hervor, dass der Träger Luzifers kein gewöhnlicher Mensch war. Luzifer ist möglicherweise in die körper-

lichen Hüllen des Huáng Di eingezogen, als dieser im 40. Lebensjahr war.

Kapitel 3

Ort und Zeitpunkt der Inkarnation Ahrimans sowie Entwicklungen, die diese vorbereiten

N achdem wir bisher das Wesen und Wirken der beiden Widersacher von einem mehr allgemeinen Standpunkt betrachtet haben und kurz auf die Inkarnation Luzifers eingegangen sind, wollen wir uns in diesem zentralen Kapitel ausführlich mit der bevorstehenden Inkarnation Ahrimans, über die Rudolf Steiner in den besagten acht Vorträgen sprach, befassen.

Wir werden zunächst den Fragen nachgehen, wo und wann seine Inkarnation zu erwarten ist. Dann werden wir einen Blick auf diejenigen Entwicklungen werfen, die seine Menschwerdung vorbereiten und fördern.

In gewissen Strömungen der Kulturentwicklung überwogen in der vorchristlichen Zeit bis in die ersten Jahrhunderte der nachchristlichen Zeit die luziferischen Impulse.

Seit Mitte des 15. Jahrhunderts – also seit Beginn des Bewusstseinsseelen-Zeitalters – wird Ahriman immer stärker und stärker, bis eine wirkliche Inkarnation Ahrimans stattfinden wird.

Diese bevorstehende Verkörperung ist *kein* potentielles Ereignis, also ein Ereignis, das eintreten könnte, sondern eines, das definitiv eintreten wird – und eintreten muss. Es ist nicht etwa unsere Aufgabe, die Inkarnation Ahrimans zu verhindern – was freilich auch nicht in unserer Macht liegt –, sondern unsere Aufgabe ist es, darauf vorbereitet zu sein.

> »Objektiv wird Ahriman auf der Erde wandeln. So wahr als Luzifer gewandelt hat und Christus gewandelt hat objektiv in einem Menschen, wird Ahriman mit ungeheurer Macht zu irdischer Verstandeskraft auf der Erde wandeln.
>
> Wir Menschen haben nicht die Aufgabe, die Inkarnation des Ahriman etwa zu verhindern, aber wir haben die Aufgabe, die

Menschheit so vorzubereiten, dass Ahriman in der richtigen Weise eingeschätzt wird. Denn Ahriman wird Aufgaben haben, er wird das eine und das andere tun müssen, aber die Menschen werden in der richtigen Weise dasjenige einschätzen und verwenden müssen, was durch Ahriman in die Welt kommt. Das werden sie nur können, wenn sie in der richtigen Weise sich einstellen können heute schon zu demjenigen, was jetzt schon Ahriman so von jenseitigen Welten aus auf die Erde sendet, dass er einmal wirtschaften kann auf der Erde, ohne dass er bemerkt wird. Das darf nicht sein.

Ahriman darf nicht auf der Erde so wirtschaften, dass er nicht bemerkt wird; man muss ihn in seiner Eigentümlichkeit voll erkennen, man muss ihm mit vollem Bewusstsein sich entgegenstellen können.«

GA 195, S. 39 (Vortrag vom 25. Dezember 1919 in Stuttgart)

3.1 Ort und Zeitpunkt der Inkarnation Ahrimans

In diesem einleitenden Abschnitt wollen wir den Fragen nachgehen, wo und wann mit der Inkarnation Ahrimans zu rechnen ist.

3.1.1 Wo wird Ahriman sich inkarnieren?

Rudolf Steiner nannte nie das genaue Land oder den genauen Ort, an dem sich Ahriman inkarnieren werde. Er gab nur immer pauschal »im Westen« an. Insgesamt verwandte er diese Bezeichnung in drei Vorträgen, so etwa am 25. Dezember 1919 in Stuttgart:

»Dann aber wird eine Zeit kommen, wo ebenso wie im Orient in einer irdischen Persönlichkeit sich Luzifer einstmals verkörpert hat, um gerade das Christentum vorzubereiten bei den Heiden, wo ebenso im Westen die irdische Verkörperung des wirklichen Ahriman auftreten wird.«

GA 195, S. 39 (Vortrag vom 25. Dezember 1919 in Stuttgart)

Die Formulierung »im Westen« ist natürlich interpretierbar. Im Grunde kommen der gesamte nordamerikanische Kontinent, also die USA und Kanada, in Betracht, aber auch die westlichen Staaten Europas, beispielsweise Frankreich, Spanien und Portugal. Wenn man zu Steiners Zeiten vom »Westen« sprach, so meinte man damit allerdings implizit eigentlich immer Nordamerika.

Darauf deutet auch eine vielleicht mehr scherzhafte Bemerkung hin, die Rudolf Steiner in seinem Vortrag am 28. Dezember 1919 in Stuttgart machte. Dort sagte er, dass die Persönlichkeit, in der sich Ahriman inkarnieren wird, »John William Smith« heißen *könnte*. Wenngleich diese Bemerkung eher spaßig gemeint war, so scheint sie doch deutlich darauf hinzuweisen, dass er *nicht* in Westeuropa, sondern wohl in Nordamerika, vermutlich in den USA, die Erde betreten wird.

> »Wenn einstmals in der westlichen Welt der inkarnierte Ahriman auftritt, so wird man in den Gemeindebüchern verzeichnen: John William Smith ist geboren – es wird dies natürlich nicht der Name sein – und man wird ihn als einen behäbigen Bürger wie andere Bürger ansehen und wird verschlafen, was da eigentlich geschieht. Unsere Universitätsprofessoren werden ganz gewiss nicht dafür sorgen, dass man das nicht verschläft. Für sie wird das, was da erscheinen wird, der John William Smith sein.
>
> Aber darauf kommt es an, dass in dem ahrimanischen Zeitalter die Menschen wissen, dass es sich hier nur äußerlich um den John William Smith handeln wird, dass innerlich aber Ahriman vorhanden ist, dass man sich über das, was geschieht, keiner Täuschung hingibt in schläfriger Illusion.«
>
> GA 195, S. 54 (Vortrag vom 28. Dezember 1919 in Stuttgart)

Eine Inkarnation auf dem Boden der USA würde auch gut zu den entgegengesetzten Polen passen, welche die beiden Widersacher repräsentieren: Luzifer inkarnierte sich weit im Osten, Ahriman weit im Westen und Christus etwa in der Mitte.

Die Wahrscheinlichkeit, dass sich Ahriman auf dem Boden der Vereinigten Staaten von Amerika inkarnieren wird, ist insbesondere aus zwei Gründen extrem wahrscheinlich.

Zum einen sprach Rudolf Steiner im Jahre 1917, dem Jahr in dem die USA mit ihrem Eintritt in den Ersten Weltkrieg erstmals massiv in die Weltpolitik eingriff, in drei Vorträgen sehr ausführlich über den »ahrimanischen Doppelgänger«, der im Ätherleib und zum Teil auch im Astralleib des Menschen steckt und wirkt. Er sagte, dass dessen Aktivität besonders stark im Westen des amerikanischen Kontinents, wo die Gebirgszüge hauptsächlich von Norden nach Süden verlaufen, sei.

»Dasjenige Gebiet, wo am meisten Einfluss hat auf den Doppelgänger das, was von unten heraufströmt, und wo es dadurch, dass es beim Doppelgänger am meisten Verwandtschaft eingeht mit dem Ausströmenden, also sich auch wieder der Erde mitteilt, das ist dasjenige Erdengebiet, wo die meisten Gebirge nicht von Westen nach Osten, in der Querrichtung hin, sondern wo die Gebirge hauptsächlich von Norden nach Süden gehen – denn das hängt auch mit diesen Kräften zusammen –, wo man den magnetischen Nordpol in der Nähe hat.«[1]

Zum anderen sind die USA immer noch die führende Weltmacht, deren Einfluss auf alle westlichen Staaten sehr groß ist. Außerdem befinden sich in dortigen Unternehmen und Denkfabriken die Wiege und das Zentrum aller – zum Teil äußerst bedenklichen – technologischen Entwicklungen und Bestrebungen bis hin zum Transhumanismus, deren Inspirator Ahriman ist.

3.1.2   Wann wird Ahriman sich inkarnieren?

Während die Frage, *wo* die Inkarnation Ahrimans stattfinden wird, nach unserem Dafürhalten geklärt ist, ist die Frage, *wann* diese erfolgen wird, noch ziemlich offen.

Rudolf Steiner machte über den Zeitpunkt nur eine eher vage Angabe. Er sagte, dass Ahriman sich verkörpern werde, »ehe auch nur ein Teil des dritten Jahrtausends der nachchristlichen Zeit« abgelaufen sein wird.

> »Und ebenso wie es gegeben hat eine fleischliche Inkarnation Luzifers, wie es gegeben hat eine fleischliche Inkarnation des Chris-

tus, so wird es, ehe auch nur ein Teil des dritten Jahrtausends der nachchristlichen Zeit abgelaufen sein wird, geben im Westen eine wirkliche Inkarnation Ahrimans: Ahriman im Fleische.«

GA 191, S. 198 (Vortrag vom 1. November 1919 in Dornach)

Es mag ein wenig erstaunlich sein, dass Rudolf Steiners Angaben über den Zeitpunkt der Inkarnation Ahrimans so relativ ungenau und interpretierbar sind, zumal er bei manchen Ereignissen, die in der Zukunft eintreten werden, das *genaue* Jahr angab. So prophezeite er beispielsweise, dass ab dem Jahr 2086 überall in Europa Kuppelbauten nach dem Vorbild des Ersten Goetheanums entstehen werden.

»Aber wenn das Jahr 2086 kommt, wird man überall in Europa aufsteigen sehen Bauten, die geistigen Zielen gewidmet sind und die Abbilder sein werden von unserem Dornacher Bau mit seinen zwei Kuppeln. Das wird die goldene Zeit sein für solche Bauten, in denen das geistige Leben blühen wird.«[2]

Die zeitliche Angabe »ehe auch nur ein Teil des dritten Jahrtausends der nachchristlichen Zeit abgelaufen sein wird« ist gewiss recht unpräzise; damit können wenige Jahrzehnte, aber auch mehrere Jahrhunderte gemeint sein.

Dass er die Zeit, in der Ahriman sich inkarnieren wird, nur recht vage vorausgesagt hat, kann zwei Gründe haben: Möglicherweise stand und steht dieser Zeitpunkt tatsächlich nicht genau fest, da erst bestimmte Geschehnisse auf der Erde erfolgen müssen. Denkbar ist auch, dass Rudolf Steiner es deshalb nicht genauer angeben wollte, um die Anthroposophen, die dann auf dem physischen Plan verkörpert sind, frei zu lassen und es in ihre Verantwortung zu stellen, Ahriman zu erkennen. So kann sich jeder ein freies Urteil auf der Grundlage von Fakten, die wir an späterer Stelle erläutern werden, bilden und selbst herausfinden, wie nahe die Inkarnation Ahrimans ist oder ob sie sogar bereits erfolgt ist.

Vielleicht haben es seine Weggefährten auch nur versäumt, die Frage zu stellen, wann sich Ahriman genau – wenigstens auf das Jahrzehnt genau – inkarnieren werde. Rudolf Steiner hat ja immer wieder darauf gewartet, dass ihm die Zuhörer die ›richtigen‹ Fragen stellen. Wären einige junge Menschen nicht so geisteswach gewesen, mit bestimmten Fragen bzw. Impulsen an ihn heranzutreten, gäbe es heute beispielsweise weder die Christengemeinschaft noch die Eurythmie noch die biologisch-dynamische Landwirtschaft.

Unter den heutigen Anthroposophen herrschen im Wesentlichen zwei Hypothesen vor, wann mit der Inkarnation Ahrimans zu rechnen sei, die wir nun näher betrachten wollen.

3.1.2.1   2664?

Mit einer gewissen Berechtigung nimmt man an, dass das Jahr, in dem sich Ahriman inkarniert, etwas mit der Zahl »666«, der »*Zahl des Tieres*« zu tun haben müsse, dass die Jahreszahl ein Vielfaches dieser Zahl darstellen müsse.

In der Tat ereignete sich in diesen Jahren – bzw. um diese Zeit – besonders Dramatisches: Im Jahre 666 wurde von der »*Akademie von Gondishapur*« der Versuch geplant, der Menschheit durch eine Art Offenbarung die Bewusstseinsseele viel zu früh, ehe noch die Verstandes- bzw. Gemütsseele ausgereift war, zu geben. Die Entwicklung der drei geistigen Wesensglieder (Geistselbst, Lebensgeist und Geistesmensch) wäre dadurch abgeschnitten worden.

Kurz vor dem Jahre 1332 (= 2 × 666) war es den ahrimanischen Mächten gelungen, den Templerorden zu vernichten.

Somit käme im *dritten* Jahrtausend nur ein Jahr in Frage, nämlich 2664 (= 4 × 666). Ein gewisser Beleg für diese These könnte sein, dass dann die Inkarnation Ahrimans – genau wie es schon bei der Inkarnation Luzifers und Christi der Fall war – in eine Zeit fallen würde, die unter der Regentschaft des Erzengels Oriphiel steht. Wie Sie sicher wissen, lösen sich die sieben führenden Erzengel – Oriphiel, Anael, Zachariel, Raphael, Samael, Gabriel und Michael – in ihrer Regentschaft ab und leiten als Zeitgeister kleinere, *etwa* 350 Jahre während Zeitabschnitte in den menschlichen Kulturepochen. Dieses kosmische Maß von 350 Jahren ist mehr ein Mittelwert und kann in gewissen Grenzen variieren. Insbesondere die Dauer des heutigen Michaelzeitalters, das 1879 begonnen hat, könnte stark von diesem Mittelwert abweichen. Es wird irgendwann zwischen den

Jahren 2229 und 2400 enden.[2a] Dann wird der Erzengel Oriphiel, der schon der führende Zeitgeist war, als die Inkarnation Luzifers und das Mysterium von Golgatha stattfanden, Michael ablösen und die Regentschaft übernehmen. Seine Regentschaft wird dann höchstwahrscheinlich bis ins Jahr 2664 und darüber hinaus währen.

Oriphiel-Zeitalter sind stets durch höchst dramatische und für die Menschheit sehr entscheidende Ereignisse geprägt. Oriphiel bringt den »Zorn Gottes«, der aber letztlich die Liebe Gottes ist. Er wird mit starker Hand die Menschheit aufrütteln und reinigen. Fürchterliche Krankheiten und Seuchen werden über die Menschen kommen.

»Nach dem michaelischen kommt das Zeitalter Oriphiels. Das wird ein böses, schlimmes Zeitalter sein, in dem alle furchtbaren Kräfte des Egoismus, der Härte, der Rohheit und Lieblosigkeit entfesselt sein werden. Das Häuflein spiritualisierter Seelen hat die Aufgabe, in diesem schlimmen Zeitalter einfließen zu lassen die reine Wahrheit, Liebe und Güte und es so zu reinigen und so die Welt voranzubringen, dem sechsten Schöpfungstag entgegen, in dessen Morgenröte wir jetzt stehen.«[3]

Rudolf Steiner bezeichnete in der »Esoterischen Stunde« am 18. Oktober 1907 in Berlin Oriphiel als »Geist der Finsternis« und sprach von einem »Entscheidungskampf«, der ab dem Jahre 2300 beginnt.[4] Freilich meinte er damit nicht, dass Oriphiel so wie Ahriman ein Geist der Finsternis sei, sondern, dass er in einer *finsteren Zeit*, in der ein besonders großes Geistesdunkel herrscht, regiert.

Die Hypothese, dass Ahriman sich um das Jahr 2664 herum inkarniert, erscheint aufgrund obiger Argumente durchaus plausibel. Allerdings ist fraglich, ob man dann noch davon sprechen kann, dass nur ein *Teil des Jahrtausends* vergangen ist.

Auch nach Ansicht des niederländischen Arztes und Anthroposophen Bernard Lievegoed (1905 bis 1992) wäre das Jahr 2664 der ›rechtmäßige‹ Zeitpunkt für die Inkarnation Ahrimans. Gemäß einer persönlichen Mitteilung Rudolf Steiners werde Ahriman jedoch alles daransetzen, um seine Inkarnation um eine ›Periode‹ zu verfrühen und sich bereits *zu Beginn* des 21. Jahrhunderts inkarnieren.[5]

3.1.2.2   um 2030?

Eine zweite Hypothese, die von einigen Anthroposophen – unter anderem auch von Terry Boardman – vertreten wird, geht davon aus, dass Ahriman etwa im Jahre 2030 auf dem physischen Plan auftreten werde. Diese Zahl ist natürlich – um noch einmal auf die obigen Rechenbeispiele zurückzukommen – kein Vielfaches von 666. Wenn man 666 mit 3 multipliziert, so kommt man auf das Jahr 1998. Nun lag dieses Jahr aber noch im 2. Jahrtausend.

Wir müssen nun klären, was man unter der »Inkarnation« eines geistigen Wesens versteht. Während ein Mensch sich im Leben zwischen Tod und neuer Geburt unter Anleitung der geistigen Wesen der höheren Hierarchien seine Leiblichkeit für sein nächstes Erdenleben selbst aufbaut, ist ein hohes Geistwesen auf die körperlichen Hüllen eines Menschen angewiesen, in die es ab einem bestimmten Zeitpunkt einziehen kann.

Denken wir an die Menschwerdung Christi bei der Taufe am Jordan. Damit diese möglich werden konnte, bedurfte es höchst komplizierter Verrichtungen, bis der Leib des Jesus von Nazareth in seinem 30. Lebensjahr so vollkommen war, dass sich das unfassbar hohe makrokosmische Ich des Christus in diesen einsenken konnte, ohne dass die Leibeshüllen regelrecht verglüht wären oder sich rasch aufgelöst hätten. Das Ich des Jesus ging während dieses Prozesses in die geistige Welt. Der Christus, der zuvor *nie* in einem physischen Leib war und auch *nie wieder* in *fleischlicher* Gestalt auf der Erde erscheinen wird, hätte sich niemals so wie ein Mensch in dem Leib eines Embryos oder eines Kindes inkarnieren können.

»Im dreißigsten Jahre des Jesus von Nazareth nimmt nun von dessen physischem Leibe, Ätherleibe und Astralleibe dasjenige Wesen Besitz, das wir den Christus genannt haben. Dieses Christus-Wesen konnte sich nicht in einem gewöhnlichen Kindesleibe inkarnieren, sondern nur in einem Leibe, der erst durch ein hochentwickeltes Ich dazu vorbereitet war. Denn dieses Christus-Wesen war vorher noch niemals in einem physischen Leibe inkarniert gewesen. Von dem dreißigsten Jahre ab haben wir es also mit dem Christus im Jesus von Nazareth zu tun.«[6]

Auch wenn Luzifer und Ahriman selbstverständlich nicht an die Geistesgröße und makrokosmische Strahlkraft des Christus heranreichen, so hat man es bei ihnen doch mit sehr, sehr hohen geistigen Wesen zu tun. Auch deren Geist oder Ich wird sich nicht schon bei der Empfängnis mit einem also noch erst werdenden Menschen vereinigen können. Sie bedürfen dazu vielmehr eines bereits ausgereiften Menschen. Man könnte in einem solchen Fall vielleicht von einer »Inkorporation«, also »Einverleibung« sprechen. Da Rudolf Steiner auch in diesem Zusammenhang den Begriff »Inkarnation« verwandte, wollen wir daran festhalten. Er benutzte den Terminus »Inkorporation« nur dann, wenn ein geistiges Wesen nur *zeitweise* den Körper eines Menschen besetzte, wie das etwa bei Nietzsche der Fall war (☞ Kapitel 1, S. 35f.).

Man muss also unterscheiden zwischen der Inkarnation des Menschen und der des Ahriman, der sich später mit seinem Ich in die Leibeshüllen dieser Persönlichkeit einsenkt. Somit wäre also denkbar, dass sich der Mensch, der als Träger des Ahrimans auserkoren ist, schon um das Jahr 1998 (= 3 × 666) herum inkarniert haben könnte. In Analogie zu der Christus-Inkarnation könnte die des Ahriman vielleicht auch erfolgen, wenn sein Träger etwa 30 Jahre alt ist. Dann würden wir also *etwa* das Jahr 2030 schreiben.

So wie der Jesus von Nazareth, der bei der Taufe am Jordan zum Christus-Träger wurde, ein hoher Eingeweihter war, wird gewiss auch der Ahriman-Träger ein Eingeweihter sein, der allerdings in die schwarz-magischen Geheimnisse eingeweiht ist. Sein Werden und seine Entwicklung dürften von Ahriman bereits aus den jenseitigen Sphären gelenkt und geleitet werden.

Rudolf Steiner hat wenige Monate vor seinem Tod am 30. März 1925 mehrmals davon gesprochen, dass sich die Anthroposophen der ersten Stunde schon sehr früh wieder inkarnieren werden, um zur Rettung der Erdenzivilisation beizutragen.

»Ich habe angedeutet, wie diejenigen Menschen, die mit völliger Intensität drinnenstehen in der anthroposophischen Bewegung, am Ende des Jahrhunderts wiederkommen werden, dass sich dann andere mit ihnen vereinigen werden, weil dadurch eben jene Rettung der

Erde, der Erdenzivilisation vor dem Verfall letztgültig entschieden werden muss.«[7]

»Es ist etwas, was leben sollte in den Herzen, in den Seelen derjenigen, die sich Anthroposophen nennen. Und das wird einem die Kraft geben, nun weiter zu wirken; denn diejenigen, die heute Anthroposophen sind, im ehrlichen, wahren Sinne Anthroposophen sind, die werden einen starken Drang haben, bald wiederum zur Erde herunterzukommen. Und innerhalb der Michael-Prophetie sieht man voraus, wie zahlreiche Anthroposophenseelen mit dem Ende des 20. Jahrhunderts wiederum zur Erde kommen, um das, was heute mit starker Kraft als anthroposophische Bewegung begründet werden soll, zur vollen Kulmination zu bringen.

Das ist es, was Anthroposophen eigentlich bewegen sollte: Hier stehe ich. Der anthroposophische Impuls ist in mir. Ich erkenne ihn als den Michael-Impuls. Ich warte, indem ich mich für mein Warten stärke durch die rechte anthroposophische Arbeit in der Gegenwart und die kurze Zwischenzeit ausnütze, die gerade den Anthroposophenseelen beschieden ist im 20. Jahrhundert zwischen dem Tode und einer neuen Geburt, um am Ende des 20. Jahrhunderts wiederzukommen und die Bewegung mit einer viel spirituelleren Kraft fortzusetzen. Ich bereite mich für dieses neue Zeitalter vom 20. ins 21. Jahrhundert hinein vor – so sagt sich eine rechte Anthroposophenseele –, denn viele zerstörende Kräfte sind auf der Erde. In die Dekadenz muss alles Kulturleben, alles Zivilisationsleben der Erde hineingehen, wenn nicht die Spiritualität des Michael-Impulses die Menschen ergreift, wenn nicht die Menschen wiederum imstande sind, dasjenige, was an Zivilisation heute hinabrollen will, wiederum hinaufzuheben.«[8]

Wenn Rudolf Steiner davon sprach, dass die Anthroposophen am Ende des 20. Jahrhunderts wiederkommen werden, so schloss er sich selbst dabei keineswegs aus. Es gibt einige Zeitzeugen, die schildern, dass Rudolf Steiner sogar explizit gesagt habe, dass er um die Jahrtausendwende wiederkommen werde.

Die Waldorflehrerin Caroline von Heydebrand (1886 bis 1938), welche die Waldorfpädagogik in ihren Anfängen entscheidend mitgeprägt hat, schrieb in ihr Notizbuch, dass Rudolf Steiner ihr Ostern

1922 in Stratford on Avon auf eine entsprechende Frage hin geantwortet habe: »*Ich werde in 80 Jahren zurückkehren, und zwar nach Amerika.*«[9] Sehr ähnliche Aussagen Steiners sind auch von anderen Weggefährten überliefert.

Sollte die Individualität, die von 1861 bis 1925 als die Persönlichkeit Rudolf Steiner verkörpert war, tatsächlich *etwa* im Jahr 2002 wieder auf dem physischen Plan erschienen sein, so kann man doch vermuten, dass sie zurückgekehrt ist, um die Menschheit zu begleiten, wenn Ahriman in menschlicher Gestalt erscheint. Auch ist es erforderlich, dass viele der Anthroposophen der ersten Stunde wieder verkörpert sind, wie Rudolf Steiner voraussagte, damit möglichst viele Menschen Ahriman erkennen können.

Terry Boardman bringt in seinem im Vorwort erwähnten Internet-Artikel weitere – namentlich astrologische – Anhaltspunkte, die ein Zeichen dafür sein könnten, dass sich Ahriman – genauer der Mensch, der als sein Träger auserkoren ist – um die Jahrtausendwende verkörpert hat. Wir wollen hier nur einige dieser höchst bemerkenswerten Phänomene aus den Jahren 1998 und 1999 anführen:
»*Am 26. Februar 1998 näherte sich Pluto der Konjunktion mit Antares, dem hellsten Stern im Herzen des Skorpions, und es kam zu einer totalen Sonnenfinsternis im Wassermann.*

Während des gesamten Jahres 1999 blieb Pluto in Konjunktion mit Antares im Zentrum des Skorpions. Aus astrosophischer Sicht ist das Zusammentreffen von Pluto und Antares im Skorpion eine sehr ›dunkle‹ Konstellation.«

»*Am 11. August 1999 gab es eine totale Sonnenfinsternis. Der Pfad des Schattens dieser Finsternis überquerte alle Regionen, die mit den nachatlantischen Kulturepochen in Verbindung gebracht werden, in umgekehrter Reihenfolge, beginnend mit Nova Scotia in Nordamerika und endend im Golf von Bengalen.*«

»*Am 17. und 18. August 1999 gab es ein großes Kreuz in den fixen Zeichen (Stier, Löwe, Skorpion, Wassermann), d. h. in den Zeichen der vier Evangelisten (Lukas, Markus, Johannes und Matthäus). Dieses Große Fixe Kreuz ist traditionell als das Kreuz der Kreuzigung bekannt. Es stellt offensichtlich eine enorme Heraus-*

forderung für alle festen und überholten Formen dar – physisch, sozial, emotional und mental.

In den folgenden Monaten des Jahres 1999 wurde die Erde von einer bemerkenswerten Serie von Naturkatastrophen heimgesucht – vor allem Erdbeben, aber auch Überschwemmungen und Stürme, die das Jahrhundert beendeten und bis zu seinem Ende anhielten.«

»Am 28. Mai 2000, kurz vor Christi Himmelfahrt, gab es eine Konjunktion von Saturn und Jupiter (traditionell die Planeten der Vergangenheit bzw. der Zukunft).«

»Vom 11. August 1999 (das große Kreuz in den Fixsternen und die totale Sonnenfinsternis) bis zur ersten Maiwoche 2000 und der Aufstellung aller traditionellen Himmelskörper, die mit der menschlichen Seele zu tun haben, stehen also alle in Opposition zu Plutos Begegnung mit Antares, dem ›Herz‹ des Skorpions.

Die Frage, die wir uns meines Erachtens stellen sollten, ist, ob dieser 9-monatige Zeitraum die Zeit der Reifung des Menschen war, der als Träger für Ahriman dienen wird.«

Terry Boardman kommt zu folgendem Schluss:

»Kommen wir nun zu meiner ersten Schlussfolgerung: nämlich, dass der physische Träger für Ahriman im August 1999 zum Zeitpunkt des Großen Kreuzes und der totalen Sonnenfinsternis gezeugt wurde und dann 9 Monate später, Anfang Mai 2000, zum Zeitpunkt des Zusammentreffens der 7 Planeten, die Pluto in Konjunktion mit Antares im Skorpion gegenüberstehen, geboren wurde. [...]

In den 2030er Jahren würde er sich dann auf der Weltbühne bemerkbar machen.«[10]

Weiter vermutet er übrigens, dass sich Ahriman in einem der folgenden vier US-Bundesstaaten inkarnieren *könnte*: Utah, Colorado, Arizona oder New Mexiko.

Ein weiterer Anthroposoph unserer Tage, der Bulgare Dimitar Mangurov, der offensichtlich in einem gewissen Grad hellsichtig ist, wird noch konkreter. Er sagt, dass Ahriman sich im Jahre 2029, wenn der Mensch, in dessen Hüllen er schlüpfen wird, sein 30. Lebensjahr erreicht hat, inkarnieren werde.

Er behauptet sogar zu wissen, welcher Mensch sein Träger ist: *»Wir wissen aus der Anthroposophie, dass sich in der Zeitenwende in Mittelamerika die satanischen Mysterien der Maya abgespielt haben, bei denen die Beziehung zu den dunklen Mächten durch das Aufschneiden des Magens des Opfers hergestellt wurde.*

Laut Steiner war damals der stärkste Schwarzmagier auf Erden inkarniert, der jemals unter den Menschen gelebt hat. In seinen früheren Inkarnationen wurde er auch durch die Teilnahme an satanischen Ritualen vorbereitet, dass er zur Zeitenwende so starke Kräfte entwickeln konnte, um die Entwicklung in der vierten und fünften Kulturepoche in eine Richtung zu treiben, die den Absichten der ahrimanischen Wesen völlig entsprach.

Die kolossale Gefahr, die von diesem Schwarzmagier ausging, wurde vom weißen Magier Vitzliputzli gebannt, der ›auf übersinnliche‹ Art gezeugt und im Jahre Null geboren wurde. Als er das 30. Jahr erreicht hatte, kämpfte er drei Jahre lang gegen den Schwarzmagier und hat ihn gekreuzigt. So hat Vitzliputzli den höllischen Plan des Schwarzmagiers vereitelt.

Neun Jahrhunderte später hat sich dieser Schwarzmagier wieder als der Gegner der rechtmäßigen Menschenevolution inkarniert – als Klingsor – der Feind Parsifals und Amfortas', der Feind des Gral und des Christus.

Dieser ahrimanische Schwarzmagier hat sich am 11.08.1999 wieder inkarniert und er ist derjenige, der vorbestimmt ist, Ahriman in sich aufzunehmen. Bisher wissen wir nicht, wie die Inkorporation selbst verlaufen wird, doch dieser Magier ist an sich schon ein ernstzunehmender Gegner.

Wie stark wird er wohl sein, wenn Ahriman in ihn eintritt?! Ist sich der heutige Mensch des abstrakten reflektierenden Denkens überhaupt bewusst, was ihn erwartet?!«[11]

Sollte sich Klingsor tatsächlich als Gefäß des Ahriman verkörpert haben, so hätte das Rudolf Steiner gewiss auch gewusst. Da er es nach unseren Recherchen aber nie erwähnt hat, können Zweifel an Mangurovs These aufkeimen.

Also, sowohl Terry Boardman als auch Dimitar Mangurov gehen davon aus, dass der Mensch, der zum Träger Ahrimans werden soll,

1999 bzw. 2000 geboren wurde und dass die Inkarnation Ahrimans dann etwa 30 Jahre später erfolgen werde.

Nun könnte jemand einwenden, dass im Jahre 2030 nicht einmal ein halbes Jahrhundert, also erst ein extrem kleiner Teil des 3. Jahrtausends vergangen ist. Das ist sicher richtig. Allerdings darf man nicht übersehen, dass dadurch, dass die Menschheit in ein falsches Fahrwasser gerät, manche einschneidenden Ereignisse bisweilen früher eintreten als es im Weltenentwicklungsplan vorgesehen ist.

Denken Sie etwa an den »Krieg jeder gegen jeden«, durch den gemäß Rudolf Steiner unser nachatlantisches Hauptzeitalter untergehen wird. Dieser soll aber erst in vielen Jahrtausenden – am Ende der amerikanischen Kulturepoche – erfolgen. Dieser Krieg wird aus Mangel an Menschlichkeit, größtmöglichem Egoismus und Machthunger auf allen Ebenen der Gesellschaft sowie einem völlig missverstandenen Freiheitsbegriff stattfinden. Waffen werden dazu im Grunde nicht benötigt. Rudolf Steiner wies darauf hin, dass dieser Krieg bereits seine Schatten vorauswirft und dass dieser möglicherweise *deutlich früher* stattfinden könne:

»Wenn man die Dinge so laufen lässt, wie ich sie unter dem Einflusse der in begreiflicher Weise heraufgekommenen Weltanschauung im 19. Jahrhundert für das 20. Jahrhundert entwickelt habe, so werden wir am Ende des 20. Jahrhunderts stehen vor dem Kriege aller gegen alle! Da mögen die Menschen noch so schöne Reden halten, noch so viele wissenschaftliche Fortschritte gemacht werden, wir würden stehen vor diesem Krieg aller gegen alle.

Wir würden eine Menschheit heranzüchten sehen, welche keine sozialen Instinkte mehr hat, umso mehr aber reden würde von sozialen Dingen.«[12]

Es sei jedem Leser überlassen zu entscheiden, inwieweit das, was im letzten Satz dieses Zitates gesagt wurde, schon heute Wirklichkeit ist.

Kommen wir noch einmal auf Rudolf Steiners Aussage zurück, dass sich Ahriman inkarnieren werde »ehe auch nur *ein Teil* des dritten Jahrtausends der nachchristlichen Zeit« abgelaufen sein wird.

Freilich ist – wie bereits erwähnt – die Formulierung »ein Teil des dritten Jahrtausends« nicht besonders präzise. Was ist »ein Teil«

eines Jahrtausends? Eine naheliegende Interpretation ist, dass mit einem Teil *ein Jahrhundert* gemeint ist. Wenn man nun das Wort »ein« nicht als unbestimmten Artikel, sondern als Zahlwort auffasst, so könnte Rudolf Steiner gemeint haben, dass Ahrimans Inkarnation erfolgt, ehe das *erste* Jahrhundert des 3. Jahrtausends abgelaufen sein wird.

Somit wäre das auch ein Beleg dafür, dass das Geschehen etwa im Jahre 2030 stattfinden könnte.

Wir werden an späterer Stelle noch weitere Aspekte anführen, die ein *mögliches* Indiz dafür sind, dass die Inkarnation Ahrimans ungefähr im Jahre 2030, also 2.000 Jahre nach der Menschwerdung Christi und etwa 100 Jahre nach dem Erscheinen Christi im Ätherischen, erfolgen könnte.

Es soll noch kurz erwähnt werden, dass einige der heutigen Anthroposophen die etwas ›steile These‹ vertreten, Ahriman werde sich nicht in einem menschlichen Leib inkarnieren, sondern er habe sich bereits im Internet inkorporiert, wo er einen sehr viel leichteren und direkteren Einfluss auf die Menschen nehmen könne. Diese Ansicht wird insbesondere von Wolfgang Weirauch, dem Herausgeber der *»Flensburger Hefte«* vertreten, dem sie von einem hohen Geistwesen offenbart wurde.[13]

Diese These steht jedoch im krassen Widerspruch zu den Aussagen Rudolf Steiners, dass Ahriman **»im Fleische«** (☞ S. 72) bzw. **»in Menschengestalt«** kommen werde (☞ S. 96).

Dass Ahriman das Internet missbraucht, um seine Ziele zu erreichen, ist unstrittig. Die These, dass er sich bereits im Internet inkorporiert habe, halten wir für etwas gewagt. Aber selbst wenn das so sein sollte, widerspricht das ja nicht der Tatsache, dass er sich dennoch in naher Zukunft in einem menschlichen Wesen aus Fleisch und Blut inkarnieren wird.

3.2 Entwicklungen, welche die Inkarnation Ahrimans vorbereiten und begünstigen

Rudolf Steiner kam in den erwähnten acht Vorträgen, in denen es ja insbesondere um die bevorstehende Inkarnation Ahrimans ging, auch darauf zu sprechen, welche *acht Entwicklungen* in Politik, Wissenschaft und Gesellschaft, die alle bereits zu seinen Lebzeiten zu beobachten waren, als Vorbereitungen der Inkarnation Ahrimans zu betrachten sind und sein Wirken begünstigen, wenn er in menschlicher Gestalt auftritt.

Zu diesen Entwicklungen ist es natürlich nicht zufällig gekommen. Vielmehr sind sie die Folgen ahrimanischer Machenschaften.

»Am günstigsten würde es ja zweifellos für Ahriman sein, wenn er es dahin brächte, dass die weitaus größte Anzahl der Menschen keine Ahnung hätte von dem, was eigentlich zur Begünstigung seines Daseins hinführen könnte; wenn die weitaus größte Anzahl von Menschen so dahinleben würde, dass diese Vorbereitungen für die Ahrimaninkarnation abliefen, aber die Menschen sie für etwas Fortschrittliches, Gutes, der Menschheitsentwickelung Angemessenes hielten. Wenn sich gewissermaßen Ahriman in eine schlafende Menschheit hereinschleichen könnte, dann würde ihm das am allerangenehmsten sein.

Deshalb müssen diejenigen Ereignisse aufgezeigt werden, in denen Ahriman arbeitet für seine künftige Inkarnation.«

GA 191, S. 199 (Vortrag vom 1. November 1919 in Dornach)

Rudolf Steiner hatte die Hoffnung, dass sich die Situation im Laufe des 20. Jahrhunderts durch die Verbreitung der Geisteswissenschaft zum Besseren wenden werde, damit es Ahriman nach seiner Verkörperung nicht ganz so leicht fallen würde, seine Ziele zu verfolgen. Wie wir noch sehen werden, ist das aber nicht geschehen. Die Situation hat sich ganz im Gegenteil sogar noch verschärft.

Diese acht von Rudolf Steiner dargestellten Entwicklungen wollen wir im Folgenden in *nicht* gewichteter Reihenfolge erörtern.

3.2.1 Ausbreitung der abstrakten, rein mechanisch-mathematischen Erfassung des Weltalls

Bis ins 15. Jahrhundert gingen die Astronomen davon aus, dass die Erde den Mittelpunkt des Universums darstelle und dass die übrigen Himmelskörper die Erde umkreisen. Dieses Weltbild wird als »geozentrisches« oder »Ptolemäisches Weltbild« bezeichnet, das dann später von Nikolaus Kopernikus (1473 bis 1543) durch das auch von der heutigen Wissenschaft als richtig anerkannte »heliozentrische« oder »Kopernikanische Weltbild« ersetzt wurde, in dem die Sonne als Mittelpunkt unseres Sonnensystems betrachtet wird.

Wer heute noch dem Ptolemäischen Weltbild irgendeine Bedeutung beimisst, muss damit rechnen, als ungebildet oder rückständig bezeichnet zu werden. Beide Sichtweisen haben aber ihre Berechtigung; sie sind nichts Absolutes. Beide nehmen vielmehr einen unterschiedlichen Aspekt des Weltalls in den Fokus.

Wenn man etwa an das Leben des Menschen zwischen Tod und neuer Geburt denkt, so ist das geozentrische Weltbild maßgebend. Die geistig-seelische Wesenheit des Menschen dehnt sich zunächst, von der Erdensphäre ausgehend immer weiter in den Kosmos aus. Sie durchläuft alle Planetensphären aus geozentrischer Sicht, also Mond-, Merkur-, Venus-, Sonnen-, Mars-, Jupiter- und Saturnsphäre. Nach der Weltenmitternacht, wenn die geistig-seelische Wesenheit des Menschen sich immer mehr zusammenzieht, durchläuft sie den Weg in umgekehrter Reihenfolge.

> »Ja, großartig und gewaltig ist dasjenige, was der Galileismus, der Kopernikanismus in die Menschheit hineingebracht haben, aber nicht eine absolute Wahrheit, ganz und gar nicht eine absolute Wahrheit, sondern ein Aspekt vom Weltenall, eine Seite von einem gewissen Gesichtspunkte aus! – Es ist nur auf den Hochmut des modernen Menschen zurückzuführen, dass die Leute heute sagen: Ptolemäisches Weltensystem – Kinderei; das haben die Menschen gehabt, wie sie noch Kinder waren. Wir haben es ›so herrlich weit gebracht‹, ›bis an die Sterne weit‹, und wir werten das nun für etwas Absolutes. –

Es ist ebenso wenig etwas Absolutes, wie das Ptolemäische System etwas Absolutes war, es ist ein Aspekt. Und nur dann wird man ihm gerecht – das sagt Ihnen die anthroposophisch orientierte Geisteswissenschaft –, wenn man weiß, dass alles das, was der Mensch so, ich möchte sagen, an bloßer Weltmathematik, an bloßer Weltschematik mechanischer Art aufnimmt, ihm nicht absolute Wahrheit liefert, sondern Illusionen über das Weltenall. Die Illusionen brauchen wir, weil die Menschheit in ihren verschiedenen Entwickelungsstadien verschiedene Formen von Erziehung durchgeht. Zur neuzeitlichen Erziehung brauchen wir einfach diese Illusionen mathematischer Art über das Weltenall. Wir müssen sie uns aneignen, aber wir sollten wissen, es sind Illusionen. [...]

Nun hat Ahriman, damit sich für ihn am fruchtbarsten seine Inkarnation gestalten werde, das größte Interesse daran, dass die Menschen sich in dieser Illusionswissenschaft, die ja im Grunde genommen unsere ganze heutige Wissenschaft ist, vervollkommnen, dass sie aber nicht darauf kommen, dass es eine Illusionswissenschaft ist. Ahriman hat das allergrößte Interesse, den Menschen Mathematik beizubringen, aber ihnen nicht beizubringen, dass die mathematisch-mechanischen Anschauungen nur Illusionen über das Weltenall sind. Ahriman hat das größte Interesse daran, Chemie, Physik, Biologie und so weiter, so wie sie heute unter den Menschen vertreten und zur bewunderten Anschauung gemacht werden, dem Menschen beizubringen, aber ihn glauben zu machen, dass das absolute Wahrheiten sind, dass das nicht gleichsam nur Gesichtspunkte sind, Photographien von einer Seite.«

GA 193, S. 168ff. (Vortrag vom 27. Oktober 1919 in Zürich)

Schon seit Jahrhunderten glaubt man, das Universum bis in alle Einzelheiten – von seinem Ursprung an – verstehen zu können, wenn man es wie eine Art mechanisches Modell auffasst, in der sich alle Himmelskörper wie Rädchen in einer Maschine bewegen, und dass man alle Bewegungen mit rein mathematischen Methoden erfassen könne. Insbesondere betrachtet man heute die Tatsache, dass im gesamten Kosmos etwas Geistiges wirkt – und zwar ganz konkrete geistige Wesenheiten –, als einen Aberglauben längst verflossener Zeiten, in denen die Menschen noch völlig naiv waren.

»Sehen Sie, eine derjenigen Entwickelungstatsachen, in denen, ich möchte sagen, deutlich zu vernehmen ist der Impuls des Ahriman, das ist die Verbreitung des Glaubens unter der Menschheit, dass man durch jene mechanisch-mathematische Erfassung des Weltenalls, welche durch den Galileismus, Kopernikanismus und so weiter gekommen ist, wirklich verstehen könne dasjenige, was da draußen im Kosmos sich abspielt.

Deshalb muss ja so streng von anthroposophisch orientierter Geisteswissenschaft betont werden, dass man Geist und Seele suchen muss im Kosmos, nicht bloß dasjenige, was der Galileismus, der Kopernikanismus suchen als Mathematik, Mechanik, wie wenn die Welt eine große Maschine wäre. Es würde eine Verführung durch Ahriman sein, wenn die Menschen stehenbleiben dabei, nur die Umlaufzeiten der Gestirne zu berechnen, nur Astrophysik zu studieren, um hinter die stofflichen Zusammensetzungen der Himmelskörper zu kommen, worauf die Menschen heute so stolz sind.

Aber es würde schlimm sein, wenn nicht entgegengehalten würde diesem Galileismus, diesem Kopernikanismus dasjenige, was man wissen kann über die Durchseelung des Kosmos, über die Durchgeistigung des Kosmos. Das ist es, was Ahriman aber zugunsten seiner irdischen Inkarnation ganz besonders vermeiden möchte. Er möchte gewissermaßen die Menschen so stark in der Dumpfheit erhalten, dass sie nur das Mathematische der Astronomie begreifen. Daher verführt er viele Menschen dazu, ihre bekannte Abneigung gegen das Wissen vom Geist und der Seele des Weltenalls geltend zu machen.

Aber das ist nur eine von den verführerischen Kräften, die gewissermaßen Ahriman in die Seele der Menschen hineingießt.«

GA 191, S. 199f. (Vortrag vom 1. November 1919 in Dornach)

Bei aller Anerkennung und Bewunderung, die man den Leistungen unserer heutigen Wissenschaften zollen muss, darf nicht übersehen werden, dass ihre Ergebnisse einseitig, im Grunde sogar illusorisch sind. Ahriman setzt alles daran, dass diese Sichtweise, bei der es sich in gewisser Weise sogar um einen Aberglauben handelt, bis in die Zeit, in der er sich inkarnieren wird, erhalten bleibt.

> »Dieses zu verbergen vor der Menschheit, dass man es in der heutigen intellektuell-rationalistischen Wissenschaft mit ihrem Anhängsel, einer abergläubischen Empirie, mit einer großen Illusion, mit einer Täuschung zu tun hat, dieses nicht anzuerkennen, daran hat Ahriman das allergrößte Interesse.
>
> Er würde den größten Erfolg haben können, den stärksten Triumph erleben können, wenn es zuwege gebracht werden könnte, dass jener wissenschaftliche Aberglaube, der heute alle Kreise ergreift, und nach dem die Menschen sogar ihre Sozialwissenschaft einrichten wollen, bis ins 3. Jahrtausend hinein herrschen würde, und wenn Ahriman dann als Mensch zur Welt kommen könnte innerhalb der westlichen Zivilisation und den wissenschaftlichen Aberglauben finden würde.«
>
> GA 193, S. 170 (Vortrag vom 27. Oktober 1919 in Zürich)

Man kann Ahriman nicht verstehen, wenn man ihn nicht in seinem illusionären Charakter durchschaut. So ist es auch mit nahezu allem, was die Wissenschaften zu geben haben. Man muss diesen Illusionscharakter erkennen.

> »Dann kommt man gerade dadurch, dass man sich durch diese Illusionen erzieht, zur Wirklichkeit der Welt.«
>
> GA 193, S. 171 (Vortrag vom 27. Oktober 1919 in Zürich)

✳✳✳✳✳✳✳✳✳✳✳✳✳✳✳✳✳✳✳✳✳✳

Dasjenige, was oben beschrieben wurde, ist natürlich eine Folge des durch Ahriman in die Welt gekommenen Materialismus und somit seit deutlich mehr als 100 Jahren zu beobachten

Immerhin gab es Anfang des letzten Jahrhunderts wenigstens einige Wissenschaftler, die durchaus noch spirituell gesinnt waren und hinter allen materiellen Erscheinungen etwas Geistiges, etwas Göttliches als das Ursprüngliche und Entscheidende annahmen. So sagte etwa der berühmte deutsche Physiker, Begründer der Quantenphysik und Nobelpreisträger Max Planck (1858 bis 1947) in einem Vortrag: *»Und so sage ich nach meinen Erforschungen des Atoms dieses: Es gibt keine Materie an sich. Alle Materie entsteht und besteht nur durch eine Kraft, welche die Atomteilchen in Schwingung bringt und sie zum winzigsten Sonnensystem des Alls zusammenhält. Da es im ganzen Weltall aber weder eine intelligente Kraft noch eine ewige Kraft gibt – es ist der Menschheit nicht gelungen, das heißersehnte Perpetuum mobile zu erfinden – so müssen wir hinter dieser Kraft einen bewussten intelligenten Geist annehmen. Dieser Geist ist der Urgrund aller Materie. Nicht die sichtbare, aber vergängliche Materie ist das Reale, Wahre, Wirkliche – denn die Materie bestünde ohne den Geist überhaupt nicht –, sondern der unsichtbare, unsterbliche Geist ist das Wahre! Da es aber Geist an sich ebenfalls nicht geben kann, sondern jeder Geist einem Wesen zugehört, müssen wir zwingend Geistwesen annehmen. Da aber auch Geistwesen nicht aus sich selber sein können, sondern geschaffen werden müssen, so scheue ich mich nicht, diesen geheimnisvollen Schöpfer ebenso zu benennen, wie ihn alle Kulturvölker der Erde früherer Jahrtausende genannt haben: Gott! Damit kommt der Physiker, der sich mit der Materie zu befassen hat, vom Reiche des Stoffes in das Reich des Geistes.«*[14]

Heute werden Sie nur noch sehr wenige Wissenschaftler finden, die Max Plancks Anschauung teilen. Und diese würden ihre Ansicht wohl kaum *öffentlich* vertreten, da sie ansonsten damit rechnen müssten, sich in Fachkreisen der Lächerlichkeit preiszugeben.

Die heutige Weltraumfahrt mit all ihren aufwendigen Berechnungen und ihren Ergebnissen verstärkt die rein materialistische Auffassung des Weltalls noch in hohem Maße. Schließlich habe man dort noch nie einen Engel, geschweige denn Gott gesehen. Heute faseln sogar einige von der grotesken Idee, eines Tages den Mars zu besiedeln.

Dank der immer leistungsfähigeren Weltraumteleskope und Messmethoden ist dasjenige, was die Astronomen in den letzten Jahren und Jahrzehnten herausgefunden haben, gigantisch und bewundernswert. Eigentlich müssten sie angesichts der Erhabenheit des Universums – denken wir nur einmal an die Planeten unseres Sonnensystems mit ihren exakten Umlaufbahnen und -geschwindigkeiten – vor Staunen und Ehrfurcht geradezu verstummen.

Sollte Ahriman sich wirklich – wie wir vermuten – schon um 2030 inkarnieren, so kann er gewiss damit rechnen, den von ihm gesäten wissenschaftlichen Aberglauben in der Welt noch vorzufinden.

3.2.2 Volkschauvinismus

Der Begriff »Chauvinismus« darf nicht mit dem ja durchaus positiv besetzten Begriff »Patriotismus« verwechselt werden. Man könnte eher von einer sehr aggressiven Form des Nationalismus sprechen.

Chauvinismus ist dadurch gekennzeichnet, dass sich die Angehörigen eines bestimmten Volkes, einer bestimmten Religion, einer bestimmten Familie oder einer beliebigen anderen Gruppe den Angehörigen einer anderen Gruppe überlegen fühlen und sie – zumindest im Extremfall – bekämpfen, wodurch es zu einer großen Spaltung unter den Menschen kommt.

Diese vorwiegend auf den Vererbungsströmungen und Blutsbanden basierenden Gemeinschaften sind ein Relikt aus der vorchristlichen Zeit. Heute ist es an der Zeit, dass wir erkennen, dass die Gesamtheit aller Menschen der Erde eine große Familie, eine große Menschheitsfamilie darstellt.

»Eine andere Strömung in unserem jetzigen Leben, die Ahriman benötigt, um seine eigene Inkarnation zu befördern, das ist diejenige, die heute so deutlich hervortritt in dem sogenannten nationalen Prinzip.

Alles dasjenige, was die Menschen spalten kann in Menschengruppen, was sie entfernt von dem gegenseitigen Verständnis über die Erde hin, was sie auseinanderbringt, das fördert zu gleicher Zeit Ahrimans Impulse.

Und man sollte eigentlich Ahrimans Stimme entnehmen aus dem, was heute so vielfach als ein neues Ideal über die Erde hin gesprochen wird: Befreiung der Völker, selbst der kleinsten, und so weiter.

Die Zeiten sind vorüber, in denen das Blut entscheidet. Und konserviert man ein solches Altes, dann fördert man dasjenige, was Ahriman gefördert haben will.«

GA 191, S. 202 (Vortrag vom 1. November 1919 in Dornach)

Dieser Chauvinismus kann dazu führen, dass sich die Menschen in immer kleinere Gruppen spalten, was im Extremfall zur völligen Isolierung einzelner Menschen führen könnte.

»Der Volkschauvinismus nimmt immer mehr und mehr überhand, bis er dazu führen wird, dass sich die Menschen in immer kleinere und kleinere Gruppen spalten, so dass schließlich die Gruppe zuletzt nur einen einzelnen Menschen umfassen könnte.

Dann könnte es dahin kommen, dass die einzelnen Menschen auch in einen linken und rechten sich spalten würden, und in einen Krieg mit sich selbst kommen könnten, wo sich der rechte Mensch mit dem linken in den Haaren liegt.«

GA 191, S. 272 (Vortrag vom 15. November 1919 in Dornach)

»Daher benützt Ahriman in unserer Zeit, um die Menschen durcheinanderzubringen, auch alles dasjenige, was aus den alten Vererbungsverhältnissen stammt, denen der Mensch im Grunde genommen schon entwachsen ist im fünften nachatlantischen Zeitraum. Alles, was von alten Vererbungsverhältnissen stammt, das benützt die ahrimanische Macht, um die Menschen in Gruppen disharmonisch einander entgegenzustellen. Alles, was von alten Familien-, Rassen-, Stammes-, Volksunterschieden kommt, das benützt die ahrimanische Macht, um unter den Menschen Verwirrung zu stiften. Freiheit jedem einzelnen Volksstamm, auch dem kleinsten – es war ein schönes Wort. Aber die Worte sind immer schön, welche die den Menschen gegnerischen Mächte gebrauchen, um unter den Menschen Verwirrung zu stiften, um solche Dinge zu erreichen, wie sie Ahriman für seine Inkarnation erreichen will.

Wenn Sie heute fragen: Wer reizt denn die Völker gegeneinander? Wer bringt Fragen herauf, wie sie heute die Menschheit

> dirigieren? – so lautet die Antwort: die ahrimanische Verführung, die in den Menschen hineinspielt!«
>
> GA 193, S. 173f. (Vortrag vom 27. Oktober 1919 in Zürich)

Die Befreiung einzelner Völker bzw. der Zerfall von Staaten war auch in der jüngeren Vergangenheit noch ein großes Thema. Denken wir etwa an die Zersplitterung der ehemaligen Sowjetunion und des ehemaligen Jugoslawien in viele einzelne Staaten bzw. Volksgruppen, was gewiss auch noch bis zu einem gewissen Grad mit der Blutsverwandtschaft zusammenhing.

Heute sind aber die großen Spaltungen der Menschen, die keiner übersehen kann, ganz wesentlich eine Folge der globalen Politik. Denken wir nur etwa an die Folgen der Coronazeit. Dass dabei Ahriman seine Klauen im Spiel hatte, haben wir bereits geschrieben.

3.2.3 Wütende Kämpfe zwischen politischen Parteien

Ein weiterer Aspekt, den Ahriman gefördert sehen möchte, ist das alte Parteiwesen in der Politik. Obwohl die Parteizusammenhänge längst ihre Bedeutung verloren haben, sind sie bis zum heutigen Tage in fast allen sogenannten »demokratischen« Staaten existent. Rudolf Steiner sprach sogar von »Parteimumien«, also von etwas, das sich überlebt hat, aber noch konserviert wird.[15]

Die unseligen Streitereien unter den Parteien basieren darauf, dass die gegenwärtige Intelligenz zwar für die Naturwissenschaft, aber nicht für das soziale Leben brauchbar ist.

> »Ebenso fördert man dasjenige, was Ahriman gefördert haben will, wenn man dasjenige nicht energisch zurückweist, was ich ja hier schon öfter charakterisiert habe, indem ich Ihnen gezeigt habe: Heute gibt es Menschen mit den verschiedensten Parteimeinungen und Parteilebensauffassungen. Man kann davon die eine

so gut beweisen wie die andere. Sie können ebenso gut beweisen dasjenige, was irgendeine sozialistische Partei vertritt, wie das, was eine antisozialistische Partei vertritt, mit gleich guten Gründen, die dann die Menschen in Anspruch nehmen.

Werden die Menschen nicht einsehen, dass diese Beweisart so weit an der Oberfläche des Daseins liegt, dass man eben das Nein und das Ja zugleich beweisen kann mit unserer gegenwärtigen Intelligenz, die für die Naturwissenschaft sehr brauchbar ist, die aber für eine andere Erkenntnis unbrauchbar ist, werden die Menschen nicht einsehen, dass diese Intelligenz, die unserer Wissenschaft so große Dienste leistet, an der Oberfläche liegt, dann werden sie diese Intelligenz anwenden auf dasjenige, was soziales Leben ist, auf dasjenige, was geistiges Leben ist. Dann werden sie das Entgegengesetzte beweisen, der eine dieses, der andere jenes, die eine Gruppe dieses, die andere Gruppe jenes; und da man beides beweisen kann, so werden die Menschen übergehen zu Hass und Erbitterung, die wir ja genügend in unserer Zeit finden. Das alles sind wiederum Dinge, die Ahriman fördern will zur Förderung seiner eigenen Erdeninkarnation.«

GA 191, S. 202f. (Vortrag vom 1. November 1919 in Dornach)

Die Parteistreitigkeiten und ihre Ursachen müssen durchschaut werden, da ansonsten Chaos und Verwirrung unter den Menschen entstehen würde.

»Das ruft über die Menschheit hin ein Chaos und eine Verwirrung hervor, die nach und nach immer größer und größer werden können, wenn die Menschheit das nicht durchschaut.

Und diese Verwirrung ist wiederum eine solche, die die ahrimanische Macht benützt, um den Triumph ihrer Inkarnation vorzubereiten, immer stärker und stärker die Menschen hineinzutreiben in das, was sie so schwer einsehen können, dass man heute etwas beweisen kann und ebenso das Gegenteil mit gleich guten intellektuellen oder heute wissenschaftlichen Gründen. Darauf kommt es heute an, dass wir anerkennen: beweisbar ist alles, und dass wir deshalb auf solche Beweise, wie sie heute in der Wissenschaft geschmiedet werden, hinsehen. Nur innerhalb der

Naturwissenschaft, des strengen Naturwissens selbst, da zeigt sich an den Tatsachen die Wirklichkeit. Aber auf keinem anderen Felde darf man gelten lassen dasjenige, was sich intellektuell beweisen lässt.«

GA 193, S. 173 (Vortrag vom 27. Oktober 1919 in Zürich)

Gewiss gibt es solche parteipolitischen Kämpfe schon so lange, wie es Parteien gibt. Jede Partei *glaubt*, mit intellektuellen Argumenten beweisen zu können, dass sie das Gute und Richtige für Land und Bürger will, während sie den anderen Parteien unterstellt, nur Schaden anzurichten.

Die Älteren unter uns werden sich noch an die heftigen Wortgefechte, die sich beispielsweise Herbert Wehner (1906 bis 1990) und Franz Josef Strauß (1915 bis 1988) geliefert haben, erinnern. Diese ausschließlich im Parlament oder in Fernseh-Diskussionen ausgetragenen Scharmützel waren aber noch sachbezogen und gingen nur selten unter die Gürtellinie. Der eine trug wortgewaltig seine Argumente für eine bestimmte Entscheidung vor, der andere hielt mit seinen Argumenten dagegen.

Die Zeit der Sachdiskussionen scheint seit Jahren vorbei zu sein. In unserer Zeit haben diese Kämpfe eine ganz neue Dimension erreicht. Anstatt Argumente oder Ideen zu liefern, wird der politische Gegner in übelster Weise diffamiert.

Betrachten wir nur die Situation in Deutschland und in Österreich. Die dortigen rechts-konservativen Parteien, also die AfD und die FPÖ werden in einer Art und Weise behandelt und ausgegrenzt, wie es das zuvor wohl noch nie gegeben hat. Man mag von diesen Parteien und ihren Protagonisten halten, was man mag – aber der Umgang mit ihnen ist nicht tolerabel. Die Vertreter dieser Parteien werden in unfassbarer Weise verleumdet. Man unterstellt ihnen, faschistisch und rechtsextrem zu sein. Sogar ein Verbotsverfahren der AfD steht im Raum. Wenn – wie das tatsächlich geschehen ist – regierungsnahe Demonstranten ein Schild mit der Aufschrift »AfDler töten!« tragen oder wenn Alice Weidel, die Vorsitzende der AfD, als »Nazi-Schlampe« bezeichnet wird, so wird das nicht nur in der Öffentlichkeit ignoriert, sondern sogar von der Justiz als mit der Meinungsfreiheit vereinbar beurteilt. Wenn aber jemand einen Politiker der anderen Parteien im Internet auf satirische Weise auch nur ein wenig verspottet, wird er strafrechtlich verfolgt. Obwohl im Jahre 2024 die FPÖ bei der Nationalratswahl in Österreich und die AfD bei der Landtagswahl in Thüringen jeweils die meisten Stimmen auf sich vereinigen konnten, wurde ihnen – wenigstens zunächst – die Möglichkeit entzogen, sich an der Regierungsbildung zu beteiligen. Alle etablierten Parteien richten eine imaginäre ›Brandmauer‹ gegen diese Parteien, die man als undemokratisch bezeichnet, auf. Aber sind nicht gerade diejenigen Parteien bzw. Politiker undemokratisch, die den Wählerwillen ignorieren?! In einer hochgepriesenen Demokratie, die diesen Namen verdient, sollte es selbstverständlich sein, dass man mit allen Parteien redet und gemeinsam nach Kompromissen und Lösungen sucht.

Der Grund für die Hasstiraden gegen die FPÖ und insbesondere gegen die AfD liegen auf der Hand. Das Kartell der etablierten Parteien möchte damit den Bürgern vermitteln, dass diese Parteien nicht wählbar sind. Man befürchtet, dass man die von obersten Stellen vorgegebenen Agenden und Pläne nicht durchsetzen könnte, wenn diese Parteien in der Regierung wären. Schon in der Coronazeit haben sich FPÖ und AfD entschieden gegen die Maßnahmen und namentlich die Impfpflicht ausgesprochen.

Heute besteht die Politik nur noch in einem Denken in Parteischemata. Das geht sogar so weit, dass bei Abstimmungen ein Antrag einer Partei abgelehnt wird, obwohl man ihn im Grunde für sinnvoll hält. Man will aber unbedingt vermeiden, dass nach außen der Eindruck entstehen könnte, man sei sich mit dieser Partei, die den Antrag eingebracht hat, einig.

Das im Grunde längst überholte Parteiwesen mit seinem unsinnigen Fraktionszwang führt immer mehr dazu, dass die Politik zu einem reinen Populismus verkommt und dass eine Sachpolitik auf der Strecke bleibt.

Das Parteiensystem gehört längst abgeschafft!

3.2.4 Beibehaltung und Stärkung des traditionellen Einheitsstaates

Eine weitere wichtige Bestrebung der Menschen, durch welche die Inkarnation Ahrimans gefördert wird, ist das Festhalten an dem traditionellen »Einheitsstaat«.

Rudolf Steiner fasste diesen Begriff als das Gegenteil von dem auf, was er stattdessen für notwendig hielt, nämlich die »Dreigliederung des sozialen Organismus«, auf die wir hier nur in einiger Kürze eingehen wollen.[16]

Das bis ins Detail ausgearbeitete Leitbild dieses Ideals für eine zukunftsorientierte gesellschaftliche Ordnung und Entwicklung entwarf Rudolf Steiner in der Zeit von 1917 bis 1922. Er beschrieb die Grundstruktur einer Gesellschaft, in der die Koordination der gesellschaftlichen Lebensprozesse nicht zentral durch den Staat erfolgt. Ähnlich wie der menschliche Organismus ein aus Leib, Seele und Geist bestehendes dreigliedriges Wesen ist, besteht auch der soziale Organismus aus drei Bereichen oder Gliedern. Diese drei Glieder sind: Wirtschaftsleben, Rechtsleben (bzw. Politik) und Geistesleben. Diese drei Bereiche müssen autonom sein und sich den eigenen Aufgaben gemäß selbst verwalten.

Das völlig selbständige Wirtschaftsleben muss nach dem Prinzip der *Brüderlichkeit* erfolgen.

Das Rechtsleben umfasst das eigentlich Politische und Verwaltungsrechtliche. Es regelt das Verhältnis unter den Menschen nach dem Prinzip der *Gleichheit*. Die auf demokratischem Wege entstandene Rechtsordnung durchdringt alle Bereiche des Wirtschafts- und Geisteslebens und bewahrt die darin sich betätigenden Menschen vor Willkür und Machtmissbrauch.

Das auf der Basis absoluter *Freiheit* gegründete Geistesleben umfasst das Schul- und Hochschulwesen, die Wissenschaften, die Kunst, die Religionen sowie die Rechtsprechung, soweit sie das Privat- und Strafrecht betrifft.

Ganz entscheidend ist, dass alle drei Glieder ihren Aufgaben völlig unabhängig von den beiden anderen nachkommen. Das Wirtschaftsleben darf weder ins Rechts- noch ins Geistesleben eingreifen. Das

Rechtsleben darf sich weder ins Wirtschafts- noch ins Geistesleben einmischen.

Rudolf Steiner wies mehrfach darauf hin, wie sehr es Ahriman für seine Inkarnation entgegenkäme, wenn bis dahin die Dreigliederung noch nicht realisiert wäre und stattdessen noch die alten Einheitsstaaten existierten.

»[...] dass alles das nichts bedeutet, was sie in solcher Weise ersehnen, solange sie nicht wirklich begreifen, dass der alte Einheitsstaat als solcher, ganz gleichgültig welche Verfassung, welche Struktur er hat, ob er Demokratie oder Republik oder Monarchie oder irgendetwas ist, wenn er Einheitsstaat ist, wenn er nicht dreigeteilt ist, der Weg ist zur ahrimanischen Inkarnation.«

GA 191, S. 213 (Vortrag vom 2. November 1919 in Dornach)

»Die Menschen fliehen heute gewissermaßen die Wahrheit, die man ihnen ja in ganz ungeschminkter Gestalt doch nicht geben kann, weil sie sie verlachen, verspotten, verhöhnen würden. Aber wenn man sie ihnen so gibt, wie es jetzt durch die Dreigliederung des sozialen Organismus versucht wird, dann wollen sie, in ihrer Masse wenigstens, sie auch noch nicht haben.

Aber das, dass man die Dinge nicht haben will, das ist gerade eines der Mittel, deren sich die ahrimanischen Mächte bedienen können, damit Ahriman dann, wenn er in Menschengestalt erscheint, eine möglichst große Anhängerschaft auf der Erde haben werde. Gerade dieses Sich-Hinwegsetzen über die wichtigsten Wahrheiten, das wird Ahriman die beste Brücke bauen für das Gedeihliche seiner Inkarnation.

Denn, sehen Sie, es hilft nichts anderes, die richtige Stellung zu finden gegenüber dem, was da in der Menschheitsentwickelung sich abspielen wird durch Ahriman, als unbefangen die Kräfte kennenzulernen, durch die das Ahrimanische wirkt, und auch die Kräfte kennenzulernen, durch welche die Menschheit sich wappnen kann, um nicht versucht und verführt zu werden durch die ahrimanischen Mächte.«

GA 193, S. 166f. (Vortrag vom 27. Oktober 1919 in Zürich)

✳✳✳✳✳✳✳✳✳✳✳✳✳✳✳✳✳✳✳✳✳

Wie ist die Situation heute?

Trotz intensiver Bemühungen ist es den Anthroposophen der ersten Stunde nicht gelungen, die Dreigliederung umzusetzen. Wenngleich es heute einige Gruppierungen gibt, die sich dieser Aufgabe widmen, kann immer noch keine Rede davon sein, dass dieses Konzept in irgendeinem Staate verwirklicht worden wäre.

Das längst tot gerittene Pferd Einheitsstaat wird weiter geritten…

Die Blüten, welche die heutigen Einheitsstaaten, in denen die drei Bereiche weder voneinander getrennt noch autonom arbeiten, treiben, sind seit Jahrzehnten nicht zu übersehen. Denken Sie nur an den Lobbyismus und die damit verbundenen Korruptionen.

Besonders deutlich wurden die Folgen der Verquickung der einzelnen Bereiche in der Coronazeit. Die Wirtschaft – namentlich bestimmte Pharma-Riesen – brachten Wissenschaftler und Politiker dazu, Panik zu schüren und die Gen-Spritzen als alternativlos anzupreisen.

Aber auch die Anhängigkeit des Schul- und Hochschulwesens von den Interessen des Staates und der Wirtschaft ist kaum zu übersehen. Die Schul-Lehrpläne werden von staatlichen Kommissionen erstellt. Da ist es doch naheliegend, dass dasjenige gelehrt wird, was der politischen Ideologie entspricht. So lernen die Kinder schon in der Grundschule, dass nur die Klimapolitik der Regierung die drohende Klimakatastrophe verhindern könne, dass wir alle kriegstüchtig werden müssen, um gegen einen Überfall des ›bösen Russen‹ gewappnet zu sein, dass es mehr als zwei Geschlechter gäbe usw. Auch das unsinnige Gendern, auf das wir an späterer Stelle noch etwas näher eingehen werden (☞ S. 121f.), wird schon mit den Kleinsten eingeübt. Das selbständige Denken wird hingegen kaum gefördert.

An den Universitäten ist die Situation nicht besser. Die dort forschenden Wissenschaftler sind zumeist auf Drittmittel angewiesen, die vom Staat, aus der Wirtschaft oder von gewissen NGOs kommen. Somit ist es kein Wunder, dass insbesondere auf solchen Gebieten geforscht wird, an denen die Geldgeber Interesse haben. So gibt es beispielsweise in Deutschland sage und schreibe 173 Lehrstühle, die sich mit der Gender-Ideologie beschäftigen.

Auch liegt es nahe, dass die Wissenschaftler bemüht sind, Ergebnisse zu liefern, die den Auftraggebern in die Karten spielen.

Ein besonders markantes Beispiel ist das Medizinstudium, dessen Lehrpläne stark von der Pharma-Industrie beeinflusst sind. Man betrachtet den Menschen heute wie eine Maschine. So wie man eine Maschine ölt, wenn sie nicht mehr richtig funktioniert, verabreicht man dem Menschen ›chemische Keulen‹, wenn er nicht mehr richtig ›funktioniert‹, das heißt, wenn er krank ist.

3.2.5 Naive Auffassung des Christentums, die nur auf einer wörtlichen, einseitigen Auslegung der Evangelien beruht

Als eine besonders wichtige Zeiterscheinung, welche die Inkarnation Ahrimans fördert, bezeichnete Rudolf Steiner die Tatsache, dass die meisten Christen die Evangelien nur in einem einseitigen, naiv-wörtlichen Sinne auslegen, ohne sich zu bemühen, sie geistig zu vertiefen.

Auf diese Weise können die Menschen heute zu keiner richtigen Christus-Auffassung und zu keinem Verständnis des Mysteriums von Golgatha kommen.

»Und was ganz besonders Ahriman dienen wird zur Förderung seiner Erdeninkarnation, das ist die einseitige Auffassung des Evangeliums selbst.

Sie wissen ja, wie nötig geworden ist in unserer Zeit die Vertiefung der Evangelien im geisteswissenschaftlichen Sinne. Sie wissen aber auch, wie sehr heute noch die Gesinnung über die Erde hin verbreitet ist, man solle die Evangelien nicht geistig vertiefen, man solle sich nicht darauf einlassen, dies oder jenes aus einer wirklichen Erkenntnis des Geistes, des Kosmos über die Evangelien zu sagen. ›Schlicht hinnehmen‹ solle man die Evangelien, so sie hinnehmen, wie sie sich heute den Menschen darbieten. Ich will gar nicht davon sprechen, dass sich die wahren Evangelien gar nicht darbieten; denn das, was heute die Menschen aus den Ursprachen als Übersetzungen der Evangelien haben, sind nicht die Evangelien. Aber darauf will ich gar nicht eingehen; sondern ich will nur die tieferliegende Tatsache vor Sie hinstellen, die darin besteht, dass man nicht zu einer wirklichen Christus-Auffassung kommen kann, wenn man sich nur, wie es die meisten Bekenntnisse und Sekten heute wollen, schlicht, das heißt bequem, in die Evangelien hineinfinden will.

Man ist in der Zeit, als das Mysterium von Golgatha sich abgespielt hat, und einige Jahrhunderte nachher, zu einer Auffassung des realen Christus gekommen, weil man dasjenige, was überliefert war, fassen konnte mit Hilfe der heidnisch-luziferischen Weisheit. Diese heidnisch-luziferische Weisheit ist zurückgegangen, und dasjenige, was heute die Menschen aus Bekenntnissen und Sekten heraus in den Evangelien finden, das führt sie nicht zum realen Christus, den wir suchen durch unsere Geisteswissenschaft, sondern das führt sie nur zu einer Illusion oder höchstens zu einer Halluzination, zu einer seelischen oder vergeistigten Halluzination von dem Christus. «

GA 191, S. 203f. (Vortrag vom 1. November 1919 in Dornach)

»So wie es eine einseitige Art ist, die Welt kennenzulernen durch die galileisch-kopernikanische Wissenschaft, überhaupt durch die heutige Universitätswissenschaft materialistischer Art, so ist es auf der anderen Seite eine Einseitigkeit, die Welt kennenzulernen bloß durch das Evangelium und abzulehnen jedes andere Eindringen in die wahre Wirklichkeit als durch das Evangelium.

Das Evangelium war jenen Menschen gegeben, die in den ersten Jahrhunderten des Christentums lebten. Heute zu glauben, dass das Evangelium das ganze Christentum geben könne, das ist eben eine halbe Wahrheit, daher auch ein halber Irrtum, der die Menschen wiederum benebelt und der daher Ahriman die besten Mittel in die Hand liefert, um sein Ziel, den Triumph seiner Inkarnation, zu erreichen.

Wie zahlreich sind heute die Menschen, die glauben, aus christlicher Bescheidenheit heraus zu sprechen, aber in Wahrheit aus einem furchtbaren Hochmut heraus sagen: Oh, wir brauchen keine geistige Wissenschaft. Die Einfachheit, die Schlichtheit des Evangeliums, die führt uns zu dem, was der Mensch von der

Ewigkeit braucht. - Es ist zumeist ein furchtbarer Hochmut, der in dieser scheinbaren Bescheidenheit sich ausspricht. Diesen Hochmut, ihn kann Ahriman im angedeuteten Sinne sehr gut benützen.

Denn vergessen Sie nicht, was ich im Beginne dieser heutigen Betrachtungen auseinandergesetzt habe, dass in der Zeit, in die das Evangelium hineingefallen ist, die Menschen in ihrem Denken, Empfinden und Anschauen, in ihrem ganzen Anschauen noch luziferisch durchdrungen waren und dass sie mit einer gewissen luziferischen Gnosis das Evangelium verstehen konnten. Aber die Evangeliumauffassung in diesem alten Sinne ist heute nicht möglich. Heute auf das bloße Evangelium zu pochen, namentlich so, wie es den Menschen überliefert ist, das gibt keine wirkliche Christus-Auffassung. Daher ist heute nirgends weniger eine wahre Christus-Auffassung verbreitet als in den Glaubensbekenntnissen, in den Konfessionen. Man muss heute schon das Evangelium geisteswissenschaftlich vertiefen, wenn man zu einer wirklichen Auffassung des Christus kommen will.«

GA 193, S. 175f. (Vortrag vom 27. Oktober 1919 in Zürich)

»Es ist eine gute Methode, dem Ahriman in die Hände zu arbeiten, wenn man von der Bekenntnisreligion alles, was Wissen ist, ausschließt, wenn man immer wieder und wiederum betont, nur der schlichte Glaube mache alles. Wenn man bei diesem schlichten Glauben stehenbleibt, dann verdammt man sich eben in die Seelendumpfheit und Seelenstumpfheit, und dann dringt nicht die Weisheit herein, die dem Ahriman gewissermaßen abgenommen werden soll.

Also es handelt sich nicht darum, dass die Menschheit einfach die Zukunftsweisheit empfange, sondern darum, dass die Menschheit diese Zukunftsweisheit sich erarbeite, und dass diejenigen, die sie erarbeiten, die Verpflichtung übernehmen, die Erdenkultur zu retten; die Erdenkultur für Christus zu retten, so wie die alten Rishis und Eingeweihten die Verpflichtung übernommen hatten, nicht nachzugeben dem Ansinnen Luzifers, die Menschheit von der Erde hinwegzuführen.«

GA 191, S. 275 (Vortrag vom 15. November 1919 in Dornach)

$$\ast\ast\ast\ast\ast\ast\ast\ast\ast\ast\ast\ast\ast\ast\ast\ast\ast\ast\ast\ast\ast$$

Die Tatsache, dass die Lehren des konfessionellen Christentums immer mehr verflachen, ist nicht zu übersehen.

Die Kirchen haben den Christus und das Verständnis für ihn längst verloren. Man hat es verlernt, den *Gott* Christus und den *Menschen* Jesus von Nazareth, in dessen körperliche Hüllen sich der Christus bei der Taufe am Jordan einsenkte, um dann drei Jahre als Christus-Jesus auf der Erde zu wirken und schließlich durch das Mysterium von Golgatha zu gehen, voneinander zu unterscheiden. Dass etwa im Katholizismus nicht mehr gewusst wird, was sich bei der Jordantaufe wirklich vollzog, kann man ihrem Katechismus entnehmen. In diesem heißt es lapidar: *»Um die Gerechtigkeit ganz zu erfüllen, hat sich unser Herr freiwillig der Taufe durch Johannes, die für Sünder bestimmt war, unterzogen.«*[17]

Die weitaus meisten Theologen und Kirchenvertreter verstehen – wenn überhaupt – nur den Menschen Jesus, den sie gern als ›schlichten Mann von Nazareth‹ bezeichnen. Man berücksichtigt nur die körperliche Hülle, den physischen Leib, der natürlich bei Jesus und Christus-Jesus derselbe ist. Das Wesentliche, den Geist bzw. das Ich, vermögen sie nicht zu erfassen. Das zeigt, wie materialistisch die Kirchenvertreter gesinnt sind. Somit ist es sogar konsequent, dass sie Jesus und Christus gleichsetzen, dass sie diese beiden Wesen nicht zu unterscheiden vermögen.

Eigentlich grenzt es an Etikettenschwindel, dass sie sich »Christen« nennen oder als »christliche Kirchen« bezeichnen. Im Grunde müssten sie sich »*Jesusten*«, »*Jesten*« oder ähnlich nennen.

Die Auferstehung Christi wird heute in der Theologie gar nicht mehr verstanden. Viele betrachten diese nur als etwas Symbolisches. Da die Theologen und Exegeten die Evangelien in einem schlichten, naiv-wörtlichen Sinn auslegen, ist es auch nicht verwunderlich, dass immer mehr Zeitgenossen diese alt-ehrwürdigen Dokumente für Legenden halten.

Über das Wesen und Wirken der Widersacher können die Theologen und Kirchenvertreter ebenfalls nichts beitragen, was diesen natürlich sehr entgegenkommt.

3.2.6 Statistik- und Zahlengläubigkeit

Zahlen und namentlich Statistiken sind etwas, was die Menschen heute besonders lieben. In der Statistik, einem Teilgebiet der Mathematik, geht es im Wesentlichen darum, große Datenmengen zu sammeln und zu analysieren sowie die Ergebnisse der darauf fußenden Interpretation in möglichst prägnanter, übersichtlicher Form darzustellen.

Wenngleich Statistiken ohne Zweifel ihre gute Berechtigung haben, so darf nicht übersehen werden, dass man auf diese Weise nahezu alles belegen, aber auch alles widerlegen kann. Mit kaum etwas anderem kann man die Menschen so täuschen wie mit Statistiken und Zahlenspielereien.

»Obwohl man sich nur im äußeren Leben ein wenig umzusehen brauchte – schon das allerallⅇräußerste Leben zeigt oftmals, wie man durch das, was die Menschen heute lieben, getäuscht werden kann.

Die Menschen lieben heute in der Wissenschaft die Zahl, sie lieben aber auch im sozialen Leben die Zahl. Sehen Sie einmal die sozialistische Wissenschaft an: Sie besteht fast aus lauter Statistiken. Und aus Statistiken, das heißt aus Zahlen, werden die wichtigsten Dinge geschlossen, erschlossen.

Nun, auch mit Zahlen lässt sich alles beweisen und alles glauben. Denn die Zahl ist nicht ein Mittel, etwas zu beweisen, sondern die Zahl ist gerade ein Mittel, die Menschen zu täuschen. Sobald man nicht von den Zahlen auf das Qualitative sieht, über die Zahl hinwegsieht und auf das Qualitative sieht, kann man durch die Zahl am meisten getäuscht werden.

Ein naheliegendes Beispiel ist dieses. Viel wird zum Beispiel oder wurde wenigstens über die Nationalität der Mazedonier gestritten. Vieles im politischen Leben der Balkanhalbinsel hing ab von den Statistiken, die da gemacht wurden. Nur hat man da die Zahlen, die so viel wert sind wie die Zahlen anderer Statistiken. Ob man also nun eine Weizen- und Roggenstatistik macht, oder ob man eine Statistik macht, wie viele Menschen griechischer, serbischer, bulgarischer Nationalität in Mazedonien leben: in Bezug auf dasjenige, was die Statistik beweisen kann, ist das ja alles das gleiche. Da findet man eben die Zahlen, die für die Griechen, die Zahlen, die für die Bulgaren, für die Serben angeführt werden, und man kann aus diesen Zahlen die schönsten Schlüsse ziehen. Aber man kann auch nachsehen in das Qualitative hinein. Da zeigt sich, dass zum Beispiel oftmals angeführt sind: der Vater als Grieche, ein Sohn als Bulgare, ein Sohn als Serbe. Wie das zugeht, das mögen Sie sich selber ausmalen. Aber diese Statistik, die wird dann zu Rate gezogen, während die Statistik in diesem Falle nur etwas ist, was zur Begründung der Parteizwecke aufgestellt ist. Denn selbstverständlich, wenn der Vater wirklich ein Grieche ist, so sind die beiden Söhne auch Griechen.

Aber das ist nur ein Beispiel für vieles, was da gemacht wird, und was unter Menschen überhaupt gemacht wird mit Zahlen. Zahlen sind dasjenige, wodurch Ahriman am meisten erreichen kann, wenn die Zahlen als Beweismittel angeführt, als Beweismittel angesehen werden.«

GA 193, S. 191f. (Vortrag vom 4. November 1919 in Bern)

»Mit der Art von Wissen, das die Menschen heute oftmals anstreben, ist nicht Wahrheit zu erreichen. Die Menschen finden es heute sehr sicher, wenn sie mit Zahlen rechnen, statistisch die Dinge der Welt zu beweisen. Mit der Statistik und mit den Zahlen hat Ahriman ein ganz besonders leichtes Spiel; [...]

Die Zahlen sind es, durch welche die Menschen in einer Richtung verführt werden, durch die Ahriman am besten seine Rechnung findet für seine künftige Inkarnation im 3. Jahrtausend.«

GA 191, S. 209f. (Vortrag vom 1. November 1919 in Dornach)

✳✳✳✳✳✳✳✳✳✳✳✳✳✳✳✳✳✳✳✳✳✳

Viele der Statistiken, die uns heute vorgesetzt werden und als wissenschaftlich exakt gelten, sind das Papier nicht wert, auf dem sie gedruckt sind.

Betrachten wir zunächst zwei Beispiele: »Im Jahr 2023 wurden in Deutschland 1.898,75 Kinder pro Tag geboren«, »Der Spieler hat in der Saison 2022/23 1,25 Tore pro Spiel erzielt«. Was ist ein »Drei-viertel Kind«? Was ist ein »Viertel Tor«? Diese Angaben haben mit der Wirklichkeit nicht das Geringste zu tun.

Oder erinnern wir uns an die Coronazeit: Tagtäglich wurde über die Medien der sogenannte »Inzidenzwert«, der eine Aussage über die Anzahl der Neuinfizierten machen sollte, verkündet. Welche Aussagekraft hat es, wenn es etwa heißt, es gebe 10.000 Neuinfizierte? Die Aussagekraft ist sehr gering, da nie angegeben wurde, auf wie vielen Tests diese Zahl basiert. Es macht doch wohl einen gewaltigen Unterschied, ob man beispielsweise 50.000 oder 500.000 Personen getestet hat. Wenn ein Mensch erzählt, er habe 100 € verloren, so macht das noch keine Aussage darüber, wie hart dieser Verlust für ihn ist. Gehört er zu den Geringverdienern, so ist der Verlust recht hoch, gehört er zu den Topverdienern, so ist er nicht der Rede wert. Hinzu kommt noch, dass es sich bei diesen Menschen lediglich um solche handelte, bei denen die völlig unzuverlässigen Tests ein positives Ergebnis geliefert haben. Auch die Anzahl der genannten Todesopfer, mit denen wir Tag für Tag in Angst und Schrecken versetzt werden sollten, sagte nicht viel aus, da in den weitaus meisten Fällen die Verstorbenen zwar das Virus hatten, aber letztlich an ganz anderen Ursachen gestorben sind, an denen sie auch gestorben wären, wenn sie nicht infiziert gewesen wären. Die Menschen starben also eher selten *an*, sondern vielmehr *mit* dem Corona-Virus. Sie kennen sicher den Spruch, der Benjamin Disraeli (1804 bis 1881) zugeschrieben wird: *»Es gibt Lügen, infame Lügen – und Statistiken!«*

In diesem Zusammenhang kann man auch an die Modellrechnungen denken, mit denen Experten das Eintreten gewisser zukünftiger Ereignisse – etwa die Erderwärmung der nächsten Jahre und Jahrzehnte oder das damit zusammenhängende Schmelzen der Gletscher sowie das Überlaufen der Meere – hochrechnen. Wie der Name »Modell« schon zum Ausdruck bringt, sind diese Computersimulationen Spielereien, die keinesfalls eine Wirklichkeit darstellen. Schon in der Coronazeit haben Modellrechnungen höchst skurrile Ergebnisse produziert. Die Wissenschaftler, die diese Simulationen einsetzen, sind – um es etwas ironisch zu formulieren – immer auf dem neuesten Stand des Irrtums.

Hinzu kommt noch, dass Modellrechnungen häufig von Unternehmen, irgendwelchen Organisation oder Regierungen in Auftrag gegeben und gut bezahlt werden. Diese wünschen freilich ein Ergebnis, das ihren Interessen dient und ihre Narrative stützt. Die Wissenschaftler sind also alles andere als unabhängig.

In der Tat sind Statistiken und Zahlenspielereien etwas, was Ahriman, der Vater der Lüge, sehr liebt. Damit kann er die Menschen besonders leicht täuschen und in die Irre führen.

3.2.7 Einseitiges Streben nach materiellem Wohlstand und Nützlichkeitsdenken

Den wohl meisten Menschen gilt es als Ideal, ein angenehmes und bequemes Leben führen zu können. Sie sind zufrieden, wenn dafür gesorgt ist, dass es ihnen wohl ergeht, dass sie ein schönes Heim, einen guten Arbeitsplatz und genügend zu essen und zu trinken haben. Sie beschäftigen sich nur mit solchen Dingen, die ihnen einen materiellen Nutzen bringen oder ihnen Vergnügen bereiten. Ihre höchste Maxime ist es, das Leben zu genießen.

»Eine andere von diesen verführerischen Kräften des Ahriman – er arbeitet, möchte ich sagen, in entsprechender Weise mit den Luziferkräften zusammen – hängt ja natürlich für seine Inkarnation zusammen mit dem Bestreben, unter den Menschen nach Möglichkeit die bereits sehr verbreitete Stimmung zu erhalten, dass es für das öffentliche Leben genügt, wenn dafür gesorgt wird, dass die Menschen wirtschaftlich zufriedengestellt werden.

Man berührt dabei einen Punkt, den der moderne Mensch oftmals nicht gern zugibt. Sehen Sie, für eine wirkliche Erkenntnis des Geistes und der Seele bietet ja eigentlich die heutige offizielle Wissenschaft gar nichts mehr; denn die Methoden, welche man in den heutigen öffentlichen Wissenschaften hat, taugen nur dazu, die äußere Natur, auch vom Menschen nur die äußere Natur aufzufassen.

Aber denken Sie sich nur, wie verächtlich eigentlich so ein Durchschnittsbürger der Gegenwart hinblickt auf alles dasjenige, was ihm idealistisch vorkommt, was ihm wie ein Weg, auf irgendeine Art wie ein Weg ins Geistige hinein vorkommt! Er fragt doch im Grunde genommen immer wiederum: Ja, was bringt das ein? Was trägt das für irdische Güter? – Er lässt seine Söhne im Gymnasium ausbilden, ist vielleicht selber im Gymnasium oder in einer anderen Anstalt ausgebildet, er lässt sie an einer Universität oder an einer anderen Hochschule ausbilden. Allein, all das dient eigentlich nur dazu, um die Grundlagen für einen Beruf abzugeben, das heißt, um im Leben die materiellen Güter zu schaffen, die sie ernähren.

Überblicken Sie einmal das, was berührt wird, wenn man gerade diese Frage ins Auge fasst. Wie viele Menschen bewerten heute eigentlich gar nicht mehr den Geist um des Geistes willen, die Seele um der Seele willen! Solche Menschen nehmen nur das auf, was ihnen vom öffentlichen Erkenntnisleben als nützlich gepriesen wird. Da muss man sich eine sehr wichtige, geheimnisvolle Tatsache der heutigen Menschheit schon eigentlich zum Bewusstsein bringen. So ein richtiger Durchschnittsbürger der Gegenwart, der von morgens bis abends vielleicht ganz fleißig in seinem Kontor ist, dann die bekannten ›Abendformalitäten‹ durchmacht, der will sich durchaus nicht herbeilassen, solche ›Allotria‹ mitzumachen, wie sie etwa in der anthroposophisch orientierten Geisteswissenschaft vorgebracht werden. Es erscheint ihm als etwas Unnötiges; denn er denkt: Das kann man doch nicht essen.

Und schließlich: Alles dasjenige, was wirklich nützlich ist an Erkenntnis, das soll doch – wenn auch die Menschen es sich nicht immer gestehen, aber es ist im öffentlichen Leben so – eine Vorbereitung dazu sein, um die Essensmöglichkeiten herbeizuführen.

Ja, es ist ein merkwürdiger Irrtum, dem sich eben gerade auf diesem Gebiet die Menschen der Gegenwart hingeben. Sie glauben, den Geist könne man doch nicht essen. Aber sehen Sie, die Menschen, die dies sagen, sind gerade diejenigen, die den Geist essen! Denn in demselben Maße, in dem man es ablehnt, irgendetwas Geistiges in sich aufzunehmen, das als Geistiges aufgenommen werden würde, in demselben Maße verzehrt man mit jedem Bissen, den man materiell durch den Mund in den Magen führt, das Geistige und befördert es auf einen anderen Weg, als es gehen sollte zum Heile der Menschheit. Ich glaube, dass viele Europäer sich etwas auf ihre Zivilisation zugutetun werden dann, wenn sie sagen können: Wir sind doch keine Menschenfresser! – Aber Seelenfresser und Geistesfresser, das sind die Europäer mit ihrem amerikanischen Anhang! Das geistlos verzehrte Materielle bedeutet ein Hingeleiten des Geistes auf einen Abweg.

Es ist schwierig, diese Dinge heute der Menschheit zu sagen. Denn erfassen Sie nur einmal richtig, in welcher Weise eigentlich vieles von der heutigen Kultur charakterisiert werden muss, wenn man diese Tatsache weiß.

Und den Menschen in einem solchen seelen- und geistesfresserischen Zustande zu erhalten, das ist einer der Impulse des Ahriman, um seine Inkarnation zu befördern. Je mehr es gelingen würde, die Menschen aufzurütteln, dass sie nicht bloß wirtschaften im materiellen Sinne, sondern ebenso wie das Wirtschaftsleben auch das selbständige freie Geistesleben, das den wirklichen Geist hat, als ein Glied des sozialen Organismus betrachten, in demselben Maße würden die Menschen die Inkarnation Ahrimans so erwarten, dass sie eine menschheitsgemäße Stellung zu dieser Inkarnation würden einnehmen können.«

GA 191, S. 200ff. (Vortrag vom 1. November 1919 in Dornach)

Schon ein Jahr, bevor er die Vorträge über die Inkarnation Ahrimans hielt, wies Rudolf Steiner darauf hin, dass die ahrimanischen Wesen bestrebt sind, durch allerlei Mittel die Menschen dazu zu bringen, dass sie den Tieren gleich nur das gelten lassen, was im äußeren sinnfälligen Leben für sie von Bedeutung ist.

»Ahriman ist auch der große Lehrer all derjenigen technischen und praktischen Betätigung innerhalb der Erdenentwickelung, die nichts gelten lassen will als das äußere sinnfällige menschliche Leben, die nur eine ausgebreitete Technik haben will, damit in raffinierterer Weise der Mensch dieselben Ess- und Trinkbedürfnisse und sonstigen Bedürfnisse befriedigt, die auch das Tier befriedigt. In dem Menschen ertöten, verdunkeln das Bewusstsein, dass er ein Abbild der Gottheit ist, das streben für die Bewusstseinsseele durch allerlei raffinierte wissenschaftliche Mittel die ahrimanischen Geister in unserer Zeit an.«[18]

✳✳✳✳✳✳✳✳✳✳✳✳✳✳✳✳✳✳✳✳✳✳✳✳✳

Es ist nicht zu übersehen, dass sich die von Rudolf Steiner charakterisierte Gesinnung der meisten Menschen bis zum heutigen Tage nicht verändert hat. Man ist zufrieden, wenn man in einem gewissen Wohlstand lebt. Selbst Zeitgenossen, die nicht der materialistischen Ideologie anheimgefallen sind, halten es nicht für notwendig oder nützlich, sich mit spirituellen Themen zu befassen.

Plakativ könnte man sagen, dass die Anzahl der Seelen- und Geistesfresser in den letzten Jahrzehnten sogar noch deutlich gestiegen ist.

3.2.8 ›Konservenbüchsen der Weisheit‹

Diese Überschrift mag etwas kryptisch klingen. Was meinte Rudolf Steiner eigentlich damit?

»Mit den Konservenbüchsen meine ich die Bibliotheken und ähnliches, wo diejenigen Wissenschaften aufbewahrt sind, die man zwar treibt, die man aber nicht eigentlich mit seinem wirklichen Interesse verfolgt, die nicht bei den Menschen leben, sondern in den Büchern, die in den Bibliotheken stehen.

Sehen Sie sich diese Wissenschaft an, die abseits von den Menschen getrieben wird! Viele Bücher stehen überall in den Bibliotheken. Jeder Student muss schon anfangen, wenn er das Doktorat macht, eine gelehrte Abhandlung zu machen; dann werden diese in möglichst viele Bibliotheken hineingestellt. Dann kommt wiederum eine gelehrte Abhandlung, wenn der Betreffende in irgendeine Stellung hineinrücken will.

Aber auch sonst schreiben und schreiben und schreiben die Menschen heute. Aber gelesen wird das wenigste von dem, was heute geschrieben wird. Nur dann, wenn die Menschen sich vorbereiten müssen für dieses oder jenes, dann zitieren sie das, was da in den Bibliotheken drinnen modert, konserviert ist.

Diese ›Konservenbüchsen der Weisheit‹, das ist dasjenige, was besonders ein gutes Förderungsmittel für Ahriman ist. Die Art, wie das getrieben wird, aber auch vieles andere, was ähnlich ist, was eigentlich nur in die Welt gesetzt wird, aber einen Sinn nur hätte, wenn sich die Menschen dafür interessieren würden, für das sie sich aber eigentlich nicht interessieren, sondern das eigentlich nur in einer von den Menschen getrennten Weise vorhanden ist, findet sich auf allen Gebieten.

Bedenken Sie doch nur einmal, man könnte ja, wenn man dazu veranlagt wäre, verzweifeln! Da hat man zum Beispiel einen Prozess, da muss man sich einen Advokaten nehmen. Dieser Advokat führt den Prozess. Dann kommen die Zeiten, wo man mit dem Advokaten verhandeln muss; es häufen sich immer mehr und mehr die Papiere. Die hat er in einer Mappe. Aber wenn man dann mit ihm redet, so hat er keine Ahnung von dem Zusammenhang, er weiß nichts, er schlägt auf und auf und es kommt nichts dabei heraus. Er hat keinen Zusammenhang mit seinen Akten. Da ist eine Aktenmappe, da ist die nächste Aktenmappe. Die Akten wachsen. Aber das Interesse ist ganz und gar nicht vorhanden. Es ist zum Verzweifeln, wenn man mit den Fachleuten, die so irgendwie die Dinge machen, wirklich zu tun hat. Sie sind ganz und gar außer Verbindung mit dem, worum es sich handelt, wissen nichts davon in Wirklichkeit, denn alles steht in den Akten.

Das sind die kleinen Konservenbüchsen, die Bibliotheken sind die großen Konservenbüchsen von Geist und Seele. Da wird alles konserviert. Aber die Menschen wollen es nicht mit sich vereinigen, wollen es nicht mit ihrem Interesse durchdringen.«

GA 191, S. 207f. (Vortrag vom 1. November 1919 in Dornach)

Dass es heute ungleich mehr und ungleich größere ›Konservenbüchsen der Weisheit‹ gibt, als es zu Rudolf Steiners Lebzeiten der Fall war, ist unstrittig.

Hierbei ist nicht nur daran zu denken, dass die Bürokratie auf allen Ebenen immer wüster wird und dass die Anzahl der veröffentlichten Bücher und Schriften gewaltig gestiegen ist, sondern insbesondere auch daran, was heute alles im Internet zu finden ist.

Es gibt nahezu kein Thema, über das sich nicht eine kaum noch überschaubare Anzahl an Artikeln im Internet, der ›Spielwiese‹ Ahrimans, befindet.

Nehmen wir nur »Wikipedia«, die sogenannte »Internet-Enzyklopädie«. Diese wurde von autorisierten, ehrenamtlichen Autoren erstellt, die sie permanent ergänzen und erweitern. Wie in einem überdimensionalen Lexikon finden sich Definitionen zu sämtlichen Begriffen und Beiträge zu allen möglichen Themen. Die Nutzer können schnell zu irgendeinem Begriff oder irgendeinem Thema, das sie interessiert, Erläuterungen finden. Mit diesen kann sich der Mensch noch weniger verbinden und sie mit noch weniger Interesse durchdringen, als wenn er ein Buch in Händen hielte. Es besteht auch keine Notwendigkeit, sich mit diesen zu verbinden und sich diese zu merken, da man jederzeit wieder nachschauen kann.

Die Idee, eine solche Internet-Enzyklopädie zu erstellen, mag ja nicht schlecht gewesen sein. Allerdings ist nicht zu übersehen, dass sie auch ihre Schattenseiten aufweist. Aufgrund der unüberschaubaren Menge und Verschiedenheit der Informationen ist es nicht immer leicht, die Spreu vom Weizen zu trennen und sich letztlich eine eigene fundierte Meinung zu bilden. Hinzu kommt noch, dass man sich schnell ›verlaufen‹ kann, weil man immer wieder auf entsprechende Stichworte verwiesen wird, zu denen man mit einem Klick verzweigen kann, so dass man oftmals von ›Hölzchen auf Stöckchen‹ kommt und Überblick und Zusammenhang aus dem Auge verliert. Politische Themen werden oftmals sehr einseitig dargestellt und den politischen Narrativen angepasst. Wissenschaftler und Autoren, die diesen Narrativen kritisch gegenüberstehen, werden im günstigsten Fall als »umstritten« geführt. Von Objektivität kann oftmals keine Rede sein.

Auch die Tatsache, dass mittlerweile die Gesamtausgabe der Werke Rudolf Steiners im Internet verfügbar ist, muss als etwas heikel betrachtet werden. Freilich kann es für den einen oder anderen der Weg sein, erstmals zur Anthroposophie zu finden. Für jemanden, der sich ernsthaft mit der Anthroposophie beschäftigt, kann es ein Vorteil sein, schnell auf bestimmte Vorträge Steiners zugreifen zu können. Aber von einer Vereinigung des Menschen mit diesem Wissen kann kaum gesprochen werden.

Dann gibt es viele Zeitgenossen, welche gezielt der Anthropo-sophie Schaden zufügen wollen. Diese können schnell irgendwelche Zitate finden, die sie aus dem Zusammenhang reißen und als Beleg dafür verwenden, dass Rudolf Steiner etwas gebracht habe, was sehr gefährlich sei. So ist auch zu erklären, dass er heute von einigen als Rassist bezeichnet wird. Menschen, die Rudolf Steiner in dieser unglaublichen Art diffamieren, haben gewisse Zitate gefunden, die sie aus dem Kontext gerissen haben, ohne also den gesamten Vor-trag gelesen, geschweige denn verstanden zu haben.

* * * * * * * * * * * * * * * *
* * * * * * * * * * * * * * * * * * * *
* * * * * * * * * * * * * * * *

Wenn alle oder zumindest die meisten der oben geschilderten Ent-wicklungen überwunden worden *wären*, so würde Ahriman sich zwar auch inkarnieren, er hätte es dann allerdings nicht so leicht, den Großteil der Menschheit hinter sich zu bringen und seine per-fiden Ziele zu erreichen.

3.3 Weitere Vorzeichen dafür, dass sich Ahriman tatsächlich etwa im Jahre 2030 inkarnieren könnte

In diesem Abschnitt wollen wir erläutern, warum wir es in Übereinstimmung mit Terry Boardman und Dimitar Mangu-rov für möglich, ja sogar für ziemlich wahrscheinlich halten, dass die Inkarnation Ahrimans kurz bevorsteht und möglicherweise *etwa* im Jahre 2030 – vielleicht ein, zwei Jahre früher, vielleicht ein paar Jahre später – erfolgen könnte.

3.3.1 Gleichschaltung der Menschen und Denkverbote

Es liegt doch nahe, dass Ahriman es besonders leicht hat, in einem menschlichen Körper in der Erdenwelt zu wirken und seine Pläne durchzusetzen, wenn nicht nur die oben beschriebenen Entwicklun-gen in weiten Teilen der Welt vorhanden sind und sogar noch weiter Fahrt aufnehmen, sondern wenn er auf eine weitgehend uniforme, gleichgeschaltete Menschheit trifft, die sich schon zuvor gut führen und lenken ließ, die schon auf eine bestimmte ›Linie‹ gebracht wurde. Genau darauf arbeitet er ganz offensichtlich aus den übersinnlichen Sphären seit vielen Jahren hin.

Wie schon angedeutet wurde führt Ahriman einen Kampf gegen die menschliche Individualität, gegen das klare Ich-Bewusstsein, gegen die Eigenverantwortlichkeit und das Gewissen der Menschen. Er strebt an, dass die Menschen wieder in eine Art Gruppen-Bewusstsein, in ein kollektives Bewusstsein zurückfallen, wie es in den vorchristlichen Jahrtausenden berechtigterweise der Fall war, so dass sie leichter einer Ideologie und Manipulationen zum Opfer fallen können.

»Das ist ja das größte Ideal des Ahriman, den Menschen in seiner Individualität zu vernichten, ihn nicht mehr individuell sein zu lassen, [...]«[19]

Man kann sich schon heute nicht des Eindrucks erwehren, dass den Menschen das individuelle selbständige Denken und Handeln nach und nach abgewöhnt werden soll. Sie sollen nur das denken und als Wahrheit anerkennen, was ihnen von der Obrigkeit vorgegeben wird. Diese Entwicklung sah Rudolf Steiner schon 1916 voraus:

»Der größere Teil der Menschheit wird seinen Einfluss von Amerika, von dem Westen herüber haben, und der geht einer anderen Entwickelung entgegen. Der geht jener Entwickelung entgegen, die heute sich erst in den idealistischen Spuren, gegenüber dem, was da kommt, in sympathischen Anfängen zeigt. Man kann sagen:

Die Gegenwart hat es noch recht gut gegenüber dem, was da kommen wird, wenn die westliche Entwickelung immer mehr und mehr ihre Blüten treibt. Es wird gar nicht lange dauern, wenn man das Jahr 2000 geschrieben haben wird, da wird nicht ein direktes, aber eine Art von Verbot für alles Denken von Amerika ausgehen, ein Gesetz, welches den Zweck haben wird, alles individuelle Denken zu unterdrücken.

Auf der einen Seite ist ein Anfang dazu gegeben in dem, was heute die rein materialistische Medizin macht, wo ja auch nicht mehr die Seele wirken darf, wo nur auf Grundlage des äußeren Experiments der Mensch wie eine Maschine behandelt wird.«[20]

Ein erster und ganz wesentlicher Schritt, dieses Vorhaben umzusetzen, ist nach unserer Einschätzung bereits erfolgt.

Im Jahre 2024 wurde von der Europäischen Union, die wie auch alle westeuropäischen Staaten und Organisationen ganz wesentlich von den USA indoktriniert wird, als eines der wichtigsten Ziele der Kampf gegen die sogenannte »Desinformation« ausgerufen. Wie so vieles hört sich das ja zunächst ganz vernünftig an. Allerdings möchte man es nicht der Freiheit und den Verstandeskräften der Bürger überlassen, was Information und was Desinformation ist. Um es auf einen einfachen Nenner zu bringen, kann man sagen: Als Information bzw. als Wahrheit wird alles bezeichnet, was der Ideologie der Herrschenden entspricht und von ihnen über die Staatsmedien propagiert wird. Als Desinformation oder Lüge wird alles betrachtet, was etwa in den freien und unabhängigen Medien verlautbart wird und den öffentlichen Narrativen widerspricht. So galt es noch bis vor kurzem und zum Teil noch heute als eine krasse Desinformation, wenn jemand behauptete, dass die Corona-Maßnahmen auf keiner wissenschaftlichen Evidenz basierten und gefährlich seien. Heute gelten abweichende Meinungen zu anderen Themen ebenfalls als Desinformation oder »Fake News«,

So gilt es als krasse Desinformation, wenn jemand im Zusammenhang mit dem Krieg Russlands in der Ukraine, der zweifelsohne völkerrechtswidrig und zu verurteilen ist, darauf verweist, dass dieser Krieg eine lange Vorgeschichte hat, die man nicht außer Acht lassen dürfe. Wer so argumentiert oder wer die Waffenlieferungen in die Ukraine kritisiert oder der NATO und den USA eine Mitschuld an dem Krieg in der Ukraine zuweist, wird als »Putin-Versteher«, »Staats-Delegitimierer« und »Volksverhetzer« tituliert. Hingegen werden die vielen fürchterlichen und zumeist auf dreisten Lügen basierenden verbrecherischen Kriege, welche die USA in den letzten Jahrzehnten geführt hat, als »amerikanisches Engagement« geadelt.

Ebenfalls als Fake News wird bezeichnet, wenn jemand sagt, dass es einen Klimawandel schon immer gegeben habe, dass ein solcher völlig normal und natürlich und weder ›menschengemacht‹ sei noch etwas mit CO_2 zu tun habe. Genau wie jemand, der behauptet, es gebe nur zwei biologische Geschlechter, wird er als »Wissenschaftsleugner« diffamiert.

Wer den grausamen Krieg Israels im Gaza-Streifen verurteilt, wird als »Antisemit« gebrandmarkt. Auch mit den absurden Begriffen »Rechtsextremist« und »Faschist« sowie mit der »Nazi-Keule« ist man schnell bei der Hand, wenn jemand solche *angeblichen* Desinformationen verbreitet.

Wenn jemand die Sanktionen gegenüber Russland und die ideologische Klimapolitik als Grund für den gigantischen Niedergang der Wirtschaft in vielen mitteleuropäischen Ländern anführt, wird er ebenfalls als einer gebrandmarkt, der Desinformationen verbreitet.

Wir könnten noch zahllose weitere Begebenheiten aufzählen, die mit an Sicherheit grenzender Wahrscheinlichkeit wahr sind, aber von den Machthabern und den Mainstream-Medien als Fake News bezeichnet werden.

Dass die weitaus meisten Darstellungen, die wir in diesem Buch geben, von den Herrschenden und von zahllosen Zeitgenossen als gefährliche Desinformation der übelsten Sorte bezeichnet würden, wenn sie diese lesen würden, muss wohl nicht erwähnt werden. Vermutlich dauert es nicht mehr allzu lange, bis man die gesamte Anthroposophie und alles Reden über geistige Welten und Wesen für Fake News hält und womöglich sogar *verbietet.*

Im »Kampf gegen Desinformationen« werden unliebsame Beiträge in den sozialen Medien und Artikel in alternativen unabhängigen Medien zensiert oder gar gelöscht. Den Betreibern dieser Plattformen werden bisweilen die Konten gekündigt, um sie in den wirtschaftlichen Ruin zu treiben. Die Pressefreiheit ist in großer Gefahr. Auch von einer wirklichen Meinungsfreiheit, wie sie in Artikel 5 des Grundgesetzes fest verankert ist, kann nicht mehr die Rede sein. Kritischen Experten, welche zu den großen Zeitfragen eine andere Ansicht vertreten, als diejenige, die von der globalistischen Ideologie als die einzig richtige vorgegeben wird, wird schon seit Jahren in den Mainstream-Medien keine Plattform mehr geboten. Vielmehr werden sie in unsäglicher Weise diffamiert. Von den Universitäten oder Instituten, an denen sie forschen, werden sie als »Nestbeschmutzer« beschimpft und bisweilen sogar rausgeworfen.

Viele Mitmenschen, die eine Meinung vertreten, die nicht mit den offiziellen Narrativen übereinstimmt und nicht zur ›Staats-Ideologie‹

passt, trauen sich kaum noch, diese im Kollegen- oder Bekanntenkreis zu äußern oder im Internet zu posten. Im Rahmen des »Digital Services Act« durchforsten sogenannte »Trusted Flagger«, also »vertrauenswürdige Hinweisgeber« das Netz nach unerwünschten Beiträgen, die dann bestenfalls nur gelöscht werden. Die Verfasser werden zum Teil sogar strafrechtlich verfolgt. Auch bei Gesprächen im Bekanntenkreis kann man sich nicht mehr sicher sein, ob nicht ein solcher Hinweisgeber bzw. Denunziant anwesend ist. Der ›Meinungskorridor‹ wird immer enger. Während noch vor einigen Jahren von den Politikern der »mündige Bürger« eingefordert wurde, will man heute ganz offensichtlich den gehorsamen Bürger.

Völlig absurd ist die Begründung für diese Maßnahmen: Sie sollen zur »Rettung der Demokratie« beitragen. Sind aber nicht gerade Presse- und Meinungsfreiheit ein wichtiger Eckpfeiler der Demokratie?! Schon in der Coronazeit wurde mehrfach gegen das Grundgesetz verstoßen. Die dort in Artikel 1 verankerte »unantastbare Würde des Menschen« sowie das Recht »auf körperliche Unversehrtheit« (Artikel 2) wurden mit Füßen getreten.

In diesem Zusammenhang muss noch erwähnt werden, dass der Begriff »Demokratie« heute nur noch eine Worthülse ist. Dadurch, dass die Bürger zur Wahl gehen dürfen, gaukelt man ihnen vor, dass sie als »Souverän« bestimmen, was die von ihnen gewählten Politiker in die Tat umsetzen. Dass das meistens nicht geschieht, dürfte jedem klar sein. Wie wir schon in Kapitel 1 geschrieben haben, geht die wirkliche Macht *nicht* von den Politikern und erst recht nicht von den Bürgern aus. Das, was heute üblicherweise als »Demokratie« bezeichnet wird, ist im Grunde nur die Simulation einer Demokratie.

Die Strategie, die im Kampf gegen Desinformationen eingesetzt wird, erinnert sehr stark an die, welche die katholische Kirche schon vor Jahrhunderten verfolgt hat. Sie setzte den Menschen, die sie auf der Kindheitsstufe halten wollte, ihre Glaubenssätze als Dogmen vor und gab weitere Gebote, an die sich die Gläubigen unbedingt halten mussten. Denjenigen, die sich dem widersetzten, wurde mit der ewigen Verdammnis gedroht. Einige endeten sogar auf dem Scheiterhaufen.

Selbst wenn alle Narrative, die uns vorgesetzt werden, absolut den Tatsachen entsprächen, wäre es immer noch fatal, uns zu nötigen, diese als solche zu akzeptieren und abweichende Meinungen zu sanktionieren. Besonders paradox ist die Tatsache, dass die Politiker heute von »Diversität«, die sie von den Bürgern einfordern, reden. Hierbei denken sie aber nur an höchst absurde Dinge wie etwa die Vielfalt der Geschlechter und der sexuellen Orientierungen. In diesem Kontext sei die »queere« Bewegung und das 2024 in Deutschland verabschiedete »Selbstbestimmungsgesetz« erwähnt, das es erlaubt, dass jeder einmal jährlich seinen Geschlechtseintrag ändern kann. Selbst eine operative Geschlechtsumwandlung wird schon Jugendlichen regelrecht nahegelegt, falls sie sich in ihrem Körper nicht wohlfühlen. Manche Zeitgenossen wissen gar nicht mehr so recht, ob sie Männlein oder Weiblein sind. Dass in unserem Land Millionen von Menschen aus unterschiedlichsten Ländern und Kulturen eine neue Heimat gefunden haben, obwohl sie nicht zu den Kriegsflüchtlingen zählen und auch nicht bereit sind, sich in die Gesellschaft zu integrieren, wird uns ebenfalls als begrüßenswerte Vielfalt verkauft. Wenn es aber um Meinungsäußerungen geht, wird aus der Vielfalt Einfalt…

Schon seit Jahren ist die Welt von einem gigantischen Lügengeflecht durchzogen, das auf allen Ebenen zu beobachten ist. So richtig sichtbar wurde das für jeden, der es sehen wollte, erstmals in der Coronazeit. Die Schriftstellerin, Dichterin und Anthroposophin Adelheid Petersen, geb. von Sybel (1878 bis 1966) erinnerte sich an das, was Rudolf Steiner ihr in diesem Zusammenhang sagte, als sie mit ihm im Februar 1915 am Bau in Dornach zusammentraf: *»Die Menschheit ist in ein Stadium ihrer Entwicklung eingetreten, wo das Böse und die Lüge sichtbar werden müssen! Es ist alles schon da: das Böse, Grauenhafte, das Verlogene, der Verfall. – Es ist alles da, aber es ist noch übertüncht! Und es muss offenbar werden!*

Das wird sich in den Lebensverhältnissen des Einzelnen zeigen – in den Ehen, den Familien, den Freundschaften und vor allem in den Feindschaften – wie im Gesamtleben der Völker, der Staaten! Es wird für gewisse Dinge keine Hemmungen mehr geben.

Durchstehen, ohne seelisch zugrunde zu gehen, ohne seelisch Schaden zu nehmen, werden alles das, was da kommt, nur die Men-

schen, welche draußen und vor allem im eigenen Inneren das Wesentliche vom Unwesentlichen unterscheiden können! Das ist sehr schwer! Sehr schwer! – Das erfordert unablässige, mühevolle Übung. Denn hier liegt die furchtbarste Verführung!

Die Menschheit wird den Kampf gegen die Lüge zu führen haben – das Urböse!«[20a]

Denkverbote und Strafen für aus staatlicher Sicht unliebsame Veröffentlichungen und Meinungsäußerungen werden aber nicht ausreichen, um den Menschen das eigene Denken zu verbieten und die gesamte Menschheit gleichzuschalten. Solange es noch möglich ist zu denken, werden es sich viele Menschen nicht nehmen lassen. Somit darf man vermuten, dass nach Mitteln geforscht wird, mit denen man die Gedanken der Menschen kontrollieren und steuern und ihnen sogar die *Fähigkeit* des Denkens nehmen kann.

Eine Möglichkeit, wie das erreicht werden *könnte*, deutete Dr. Yuval Noah Harari, Sprecher des Weltwirtschaftsforums, in einem Vortrag an: *»Daten könnten es menschlichen Eliten ermöglichen, etwas noch Radikaleres zu tun, als bloß digitale Diktaturen zu errichten. Durch das Hacken von Organismen könnten Eliten die Macht erlangen, um die Zukunft des Lebens selbst neu zu gestalten. Denn, sobald Sie etwas hacken können, können Sie es üblicherweise auch gestalten. Viele Tyrannen und Regierungen in der Vergangenheit wollten es tun, aber niemand verstand Biologie gut genug, und niemand hatte genug Rechenleistung und Daten, um Millionen Menschen zu hacken. Weder die Gestapo noch der KGB konnten es tun. Aber bald werden zumindest einige Unternehmen und Regierungen in der Lage sein, alle Menschen systematisch zu hacken. Und wenn es uns tatsächlich gelingt, Menschen zu hacken und zu manipulieren, wird dies nicht nur die größte Revolution in der Geschichte der Menschheit sein. Dies wird die größte Revolution in der Biologie seit Beginn des Lebens vor vier Milliarden Jahren sein. Vier Milliarden Jahre hat sich nichts Grundlegendes geändert. Die Wissenschaft ersetzt Evolution durch natürliche Auslese mit Evolution durch intelligentes Design. Nicht das intelligente Design* *irgendeines Gottes über den Wolken, sondern unser intelligentes Design und das intelligente Design unserer Clouds – die IBM-Cloud, die Microsoft-Cloud – dies sind die neuen Triebkräfte der Evolution.«*[21]

Damit sind wir wieder bei dem bereits erwähnten Transhumanismus, einem der Höhepunkte der materialistischen Weltanschauung. Die Tatsache, dass Elon Musk, einer der Pioniere des Transhumanismus, eine wichtige Position in der neuen US-Regierung unter Donald Trump einnehmen wird, lässt vermuten, dass diese Bestrebungen weiter Fahrt aufnehmen werden. Wenn es der Menschheit nicht gelingen sollte, den Materialismus als eine Verirrung unserer Zeit zu erkennen und zu überwinden, läuft sie Gefahr, ihr Seelisch-Geistiges immer mehr zu verlieren und zu automatenhaften Wesen zu werden.

»Es werden durch das Fest-darin-Stecken im Materialismus nicht bloß Menschen erzeugt, die schlecht denken über das Leibliche, Seelische und Geistige, sondern es werden materiell denkende und materiell fühlende Menschen erzeugt. Das heißt, der Materialismus bewirkt, dass der Mensch ein Denkautomat wird, dass der Mensch ein Wesen wird, das als physisches Wesen denkt, fühlt und will. Und es ist nicht bloß die Aufgabe der Anthroposophie, an die Stelle einer falschen Weltanschauung eine richtige zu setzen – das ist eine theoretische Forderung –, das Wesen der Anthroposophie heute besteht darin, dass angestrebt wird nicht nur eine andere Idee, sondern eine Tat: das Geistig-Seelische wieder herauszureißen aus dem Leiblich-Physischen, den Menschen heraufzuheben in die Sphäre des Geistig-Seelischen, damit er nicht ein Denk-, Fühl- und Empfindungsautomat sei.

Die Menschheit steht heute in der Gefahr [...], das Seelisch-Geistige zu verlieren.«[22]

Eine weitere Möglichkeit, den Menschen das Denken zu erschweren oder gar zu verunmöglichen, könnte – sei es als Alternative zu der oben erwähnten, sei es in Kombination mit dieser – durch ›medizinische‹ Eingriffe erfolgen. Hierbei ist in erster Linie an Impfungen zu denken. Die materialistische Wissenschaft könnte einen Impfstoff entwickeln, der so tief in das menschliche Wesensgefüge eingreift, dass es zu einer Degeneration des Gehirns kommt, so dass ein selbständiges Denken kaum noch möglich sein wird. Insbesondere werden solche Spritzen verhindern, dass die Menschen sich noch zu spirituellen Gedanken erheben können. Mit solchen Injektionen, zu denen man die Menschen vermutlich zwingen oder wenigstens nötigen wird, würden sie von allem Spirituellen ferngehalten werden. Vermutlich erleben wir schon sehr bald den Beginn einer Zeit, auf die Rudolf Steiner vor gut 100 Jahren hinwies. Er sagte in mehreren Vorträgen, dass in nicht so ferner Zukunft eine Zeit kommen werde, in der man jeden Gedanken daran, dass ein Mensch einen Geist und eine Seele hat, als krankhaft abstempeln werde. Als gesund werde man nur diejenigen bezeichnen, die ausschließlich vom Körper reden. Weiter prophezeite er, dass die materialistische Wissenschaft Arzneimittel und Impfstoffe erfinden werde, mit denen man den ›kranken‹ Menschen den Glauben an Geist und Seele sowie an alles Spirituelle austreiben werde.

»Das materialistische Zeitalter strebt danach aus gewissen Kreisen heraus, alle spirituelle Entwickelung der Menschheit zu paralysieren, unmöglich zu machen; die Menschen dahin zu bringen, dass sie ablehnen, einfach durch ihre Temperamente, durch ihren Charakter ablehnen alles Spirituelle, es für Narretei ansehen.

Solch eine Strömung – bei einzelnen Menschen ist sie heute schon bemerkbar – wird sich immer mehr und mehr vertiefen. Es wird die Sehnsucht entstehen, dass allgemeines Urteil wird: Das Spirituelle, das Geistige ist Narretei, ist Wahnsinn! –

Das wird man dadurch zu erreichen versuchen, dass man dagegen Impfmittel herausbringt, dass man, so wie man auf Impfmittel gekommen ist zum Schutz gegen Krankheiten, nun auf gewisse Impfmittel kommt, die den menschlichen Leib so beeinflussen, dass er den spirituellen Neigungen der Seele keine Wohnung gewährt. Man wird die Menschen gegen die Anlage für geistige Ideen impfen. Das wird man wenigstens anstreben; man wird Impfmittel versuchen, so dass die Menschen schon in der Kindheit den Drang zum geistigen Leben verlieren.«[23]

»Die Seele wird man abschaffen durch ein Arzneimittel. Man wird aus einer ›gesunden Anschauung‹ heraus einen Impfstoff finden, durch den der Organismus so bearbeitet wird in möglichst früher Jugend, möglichst gleich bei der Geburt, dass dieser menschliche Leib nicht zu dem Gedanken kommt: Es gibt eine Seele und einen Geist. –

So scharf werden sich die beiden Weltanschauungsströmungen gegenübertreten. Die eine wird nachzudenken haben, wie Begriffe und Vorstellungen auszubilden sind, damit sie der realen Wirklichkeit, der Geist- und Seelenwirklichkeit gewachsen sind. Die andern, die Nachfolger der heutigen Materialisten, werden den Impfstoff suchen, der den Körper ›gesund‹ macht, das heißt so macht, dass dieser Körper durch seine Konstitution nicht mehr von solch albernen Dingen redet wie von Seele und Geist, sondern ›gesund‹ redet von den Kräften, die in Maschinen und Chemie leben, die im Weltennebel Planeten und Sonnen konstituieren.

Das wird man durch körperliche Prozeduren herbeiführen. Den materialistischen Medizinern wird man es übergeben, die Seelen auszutreiben aus der Menschheit.«[24]

Wir wollen uns nicht anmaßen zu beurteilen, inwieweit die heutigen Gen-Spritzen auf mRNA-Basis, die seit Ende 2020 im Einsatz sind, und insbesondere die im Herbst 2024 erstmals in Japan verimpften *selbstverstärkenden* mRNA-Vakzine, die wohl in Kürze auch in Europa zugelassen werden, bereits die oben beschriebene Wirkung haben. Was dafür sprechen könnte, ist die Tatsache, dass schon jetzt absehbar und zum Teil bereits geplant ist, dass in Zukunft auch die ›konventionellen‹ Impfungen durch Gen-Spritzen auf mRNA-Basis ersetzt werden, die man schon kleinen Kindern in Hülle und Fülle verabreichen wird. Wir können uns sicher sein, dass die Entwicklung dieser teuflischen Technologie weiter geht, zumal Impfmittel für die Pharma-Konzerne eine Lizenz zum Gelddrucken sind.

Wie bereits erwähnt ist das Denken eine der wirksamsten Waffen, die wir gegen Ahriman haben. Ahriman fürchtet das menschliche Denken. Wenn uns – auf welchem Wege auch immer – die Fähigkeit des Denkens genommen oder auch nur eingeschränkt wird, werden wir gewissermaßen »entwaffnet«.

Um die Bevölkerung von diesen dystopischen Bestrebungen, über die man in der Öffentlichkeit nahezu nichts erfährt, abzulenken, versucht man, sie zu *verwirren*.

Das begann schon in der Coronazeit. Erinnern wir uns, wie nahezu täglich die Regeln und Vorschriften geändert wurden. Kaum jemand wusste beispielsweise noch, wann und wo man welche Maske tragen musste, wann und wo man sich mit wie vielen Menschen, die nicht zum gleichen Hausstand gehören, treffen durfte, wann und wo Ausgangssperren galten usw.

Zu dieser Verwirrungsstrategie gehört auch, dass die banale Tatsache, dass es genau zwei biologische Geschlechter gibt, als unwahr bezeichnet wird. Man schwafelt von nicht weniger als 72 Geschlechtern! Vieles, was wahr ist, wird heute als unwahr und vieles, was unwahr ist, als wahr bezeichnet. Vieles, was früher als gut galt, wird heute als schlecht bewertet. Um nur ein konkretes Beispiel anzuführen, sei an die Parole, welche die »Grünen« jahrzehntelang vertraten, erinnert: »Frieden schaffen – ohne Waffen!«. Dieses Ideal haben sie seit Beginn des Krieges in der Ukraine verraten. Heute propagieren sie das Gegenteil: »Waffen senden – Frieden spenden!«. Die Bedeutung von Begriffen und Formulierungen wird geradezu ins Gegenteil verkehrt. Betrachten wir dazu ein weiteres Beispiel. Es ist noch gar nicht so lange her, dass es ein Kompliment war, wenn jemand als »Querdenker« bezeichnet wurde. Eine Persönlichkeit wurde so genannt, wenn sie über den Tellerrand hinauszuschauen vermochte und so häufig völlig überraschende Denkansätze fand, die zur Lösung eines bestimmten Problems führten. Spätestens seit 2020 ist dieser Begriff zu einem Schimpfwort verkommen. Man bezeichnet damit Bürger, welche die politischen Narrative in Frage stellen und kritisieren.

Auch die sogenannte »Wokeness« und die eng damit zusammenhängende »LGBTQ-Bewegung«, auf die wir hier nicht näher eingehen wollen, sowie die »Gender-Ideologie« tragen zur Verwirrung der Menschen bei. Im Zuge dieser Ideologie gelten bestimmte Begriffe, die seit Jahr und Tag wie selbstverständlich benutzt wurden und völlig unverdächtig waren, heute als diskriminierend oder rassistisch. Hierzu zählen beispielsweise: »Indianer«, »Mohrenkopf«, »Zigeunerschnitzel«, »Milchmädchenrechnung«. Begriffe, die nicht explizit alle Geschlechter miteinbeziehen, gelten als politisch nicht korrekt. Es gibt Kataloge mit unzähligen Begriffen die heute nicht mehr verwendet werden und stattdessen durch ›neue Wortschöpfungen‹ ersetzt werden *sollen*. Wir wollen hier nur ein paar Beispiele auflisten: Anstelle von »Mutter« soll »Elternteil 1« bzw. »Elter 1« oder

»gebärende Person«, anstelle von »Muttermilch« soll »Brustmilch«, anstelle von »Mutterleib« soll »Körper der schwangeren Person«, anstelle von »Vaterland« soll »Geburtsland« oder »Erstland«, anstelle von »Landwirt« soll »Landwirt*In« oder »Landwirtschaft betreibende Person« gesagt und geschrieben werden.[25]

Ein Satz wie etwa »Mein Freund, der früher als Maler tätig war, ist heute Makler; sein Bruder ist Kriminalbeamter«, müsste gendergerecht lauten: »Meine enge Bezugsperson, die früher als werkschaffende Person der Malerei tätig war, ist heute eine Häuser vertreibende Person; sein Geschwisterkind ist eine Person im Beamtenverhältnis bei der Kriminalpolizei.« Das gute alte generische Maskulinum, das wir in unseren Büchern ganz bewusst verwenden, weil es ja implizit auch Menschen weiblichen Geschlechts mit einbezieht, gilt als sexistisch.

Diesen ganzen Quatsch lernen die Kinder schon in der Schule. Wenngleich die Mehrheit der Bürger diesen Schwachsinn ablehnt, spielen Behörden, Firmen und die Mainstream-Medien fleißig mit. Es wird wohl nicht mehr lange dauern, bis dieser Unsinn auch in den Lexika Einzug hält. Offensichtlich will man uns nicht nur das Denken und die eigene Meinung verbieten, sondern auch vorschreiben, welche Begriffe wir überhaupt noch verwenden dürfen. Die wunderschöne deutsche Sprache, die wie alle Sprachen ursprünglich von dem jeweiligen als Volks- oder Sprachgeist wirkenden Erzengel inspiriert und dann von Geistesgrößen wie Luther, Schiller und allen voran Goethe zu ihrer heutigen Höhe emporgehoben wurde, soll auf diese Weise geradezu verstümmelt werden.

Wohlklingende, im Grunde aber alberne Namen für Gesetze wie etwa »Das Gute KiTa-Gesetz« sollen die Bürger davon abhalten, sich kritisch mit den Inhalten auseinanderzusetzen. Es wird suggeriert, dass ein Gesetz mit dem Adjektiv »gut« ja wohl auch per se gut sein müsse.

Nach dem alten Prinzip »Brot und Spiele« wird das Volk von den wahren Problemen abgelenkt. Dazu tragen die Unterhaltungsindustrie, die Fernsehsender mit ihren Formaten, die größtenteils ein unterirdisches Niveau haben und zudem die Konsumenten mit dem oben skizzierten ›Neusprech‹ infiltrieren, sowie Sport-Großveranstaltungen bei.

Selbstverständlich werden auch nach wie vor Ängste geschürt, etwa vor neuen Pandemien – was *zukünftig möglicherweise* durchaus ernst zu nehmen ist –, vor einer angeblich bevorstehenden Invasion Russlands oder vor einer Klimakatastrophe.

3.3.2 Die »Agenda 2030«, die »ID2020« und der »Great Reset«

Was hat das oben Beschriebene nun aber alles mit dem Jahr 2030, dem der *möglichen* Inkarnation Ahrimans zu tun?

Nun, es gibt heute einige von globalen Organisationen vorgegebene Agenden oder Pläne, die bis zum Jahr 2030 umgesetzt werden sollen, etwa die »Agenda 2030« oder »ID2020«.

Wenn man sich die 17 als »Nachhaltigkeitsziele« titulierten Punkte der Agenda 2030 durchliest, so klingen sie recht wohlfeil, so dass man sich leicht von ihnen blenden lassen und sie für erstrebenswert halten kann. Im Grunde handelt es sich dabei aber um Worthülsen, um leere Phrasen, hinter denen meistens sogar durchaus bedenkliche Pläne stecken. Es ist hier nicht der Platz, um auf die Ziele der Agenda 2030, die wie gesagt alle sehr positiv klingen, einzugehen.

Wir wollen nur einen kurzen Blick auf die beiden ersten Ziele werfen, bei denen es darum geht, den Hunger und die Armut in der Welt zu beenden. Seit Jahrzehnten tragen die Regierungen der westlichen Welt dieses absolut erstrebenswerte Ziel wie eine Monstranz vor sich her. Aber geschehen ist bis heute nichts; und es wird auch nichts geschehen, was das Problem wirklich und menschengerecht lösen könnte, da die westlichen Staaten aus machtpolitischen Gründen gar kein Interesse daran haben, dass die armen Länder wirtschaftlich aufholen. Hätte man nur einen Teil der Gelder, die man für die Waffenlieferungen in die Ukraine oder für die unsinnigen Corona-Maßnahmen verpulvert hat, für dieses Ziel verwendet, wäre das Problem wohl schon gelöst.

In naher Zukunft könnte man aber vielleicht damit Ernst machen, die Länder, in denen Hungersnöte herrschen, mit ›Nahrungsmitteln‹

zu versorgen. Es scheint bereits Pläne zu geben, in riesigen, fabrikartigen Treibhäusern genmanipulierte Nahrungsmittel zu produzieren, die nie auch nur einen einzigen Sonnenstrahl abbekommen. Diese gesundheitlich bedenklichen Lebensmittel wird man dann an diese Länder verkaufen. Auch wenn die Preise relativ gering sein mögen, werden sich die Betreiber dieser Pläne daran eine goldene Nase verdienen.

Ein anderes Ziel verbirgt sich hinter der Bezeichnung »ID2020«. Die EU plant, bis zum Jahr 2030 mindestens 80 Prozent der Bürger in den EU-Mitgliedsstaaten mit einer digitalen Identität auszustatten. Alle relevanten Daten der Bürger – auch Gesundheitsdaten sowie der Impfstatus – sollen so für die Behörden transparent sein. Als zentrale Schritte auf diesem Weg kann man die Einführung des »digitalen Impfzertifikats« in der Coronazeit, die im Januar 2025 an den Start gehende »elektronische Patientenakte« sowie den damit verbundenen »elektronischen Impfpass« sehen. Datenschutz war gestern!

Wie so vieles, was die Globalisten einführen, erscheint das auf den ersten Blick ebenfalls sehr begrüßenswert zu sein, zumal es die Bürokratie entlastet. Die Schattenseiten werden erst auf den zweiten Blick offenbar: Auf diese Weise können alle Bürger überwacht, kontrolliert und gesteuert werden. So können beispielsweise jemandem, der keinen gewünschten Impfstatus hat, der Zugang zu gewissen Einrichtungen oder Reisen verwehrt werden. Es ist noch gar nicht einmal so lange her, dass von allen Seiten vom »gläsernen Menschen« gesprochen wurde, was es unbedingt zu verhindern gelte. Heute hält eine erstaunlich hohe Anzahl der Menschen so etwas wie die »ID2020« für sinnvoll. Noch werden dazu Smartphones reichen. Wenn man aber dazu Statements von Dr. Harari und Klaus Schwab berücksichtigt, ist davon auszugehen, dass man den Menschen schon in der näheren Zukunft – vielleicht sogar unter Zwang – Chips unter die Haut implantieren wird.[26] Vermutlich würden das sogar viele Menschen begrüßen, weil es in gewisser Weise bequem ist, beispielsweise in einem Geschäft zu bezahlen, ohne ein Smartphone mitschleppen zu müssen. Diese Technologie wird bis 2030 gewiss so ausgereift sein, dass sie flächendeckend eingesetzt werden kann.

Die Tatsache, dass das gesamte Finanzsystem in der westlichen Welt vor dem Kollaps steht, kann keiner leugnen. Es ist wohl nur noch eine Frage von wenigen Jahren, bis es endgültig zusammenbricht. Unabhängige Experten wie etwa Ernst Wolff sind davon überzeugt, dass es dann kein Bargeld mehr geben und dass stattdessen ein digitales Zentralbankgeld eingeführt werde. Dieses kann dann leicht mit einem »Sozialkredit-System« nach chinesischem Vorbild verknüpft werden. Somit könnte beispielsweise von der Regierung gesteuert werden, wer für was Geld ausgeben darf. Die Zahlungsmöglichkeiten könnten jederzeit eingeschränkt oder gar gestoppt werden, wenn man sich nicht im gewünschten Sinne verhält, wenn man etwa bestimmte vorgeschriebene Impfungen verweigert oder unliebsame Meinungen publiziert.

Dann ist im Zusammenhang mit dem Jahr 2030 auch an den von Klaus Schwab, dem Gründer und geschäftsführenden Vorsitzenden des Weltwirtschaftsforums propagierten sogenannten »Great Reset«, der auch als die »große Transformation«, der »großer Umbruch« oder die »vierte industrielle Revolution« bezeichnet wird, zu denken. Auf die in diesem Zuge angestrebten Ziele wollen wir hier nicht näher eingehen, um den Rahmen dieses Buches nicht zu sprengen. Ein wesentlicher Aspekt dieser Ideologie ist der bereits näher beschriebene Transhumanismus. Dass in diesem Zuge noch ganz andere Bestrebungen eine Rolle spielen, wird schon deutlich, wenn man Schwabs kryptisches Motto liest: *»Sie werden nichts besitzen, aber glücklich sein!«*

Noch bezeichnender ist, was er in einem Interview sagte: *»Eines der Merkmale der vierten industriellen Revolution ist, dass sie nicht ändert, was wir tun, sondern uns. Der Unterschied dieser vierten industriellen Revolution ist, dass sie nicht ändert, was Sie tun. Sie ändert Sie, wenn Sie eine genetische Veränderung vornehmen – nur als Beispiel. Sie sind es, der verändert wird. Und natürlich hat dies einen großen Einfluss auf Ihre Identität.«*[21]

Auch diese Bestrebungen sollen bis ins Jahr 2030 zumindest bis zu einem gewissen Grad realisiert worden sein.

Es sei noch kurz erwähnt, dass ein Teil des Weltwirtschaftsforums das »Forum of Young Global Leaders« ist. Die Mitglieder werden in einem mehrjährigen Programm geschult und mit den Zielen des WEF vertraut gemacht bzw. – besser gesagt – indoktriniert. Man will eine Elite schaffen und untereinander vernetzen, welche die zukünftigen globalen Probleme im Sinne des WEF lösen soll. Zu den Mitgliedern dieses Programms gehören bzw. gehörten hochrangige Persönlichkeiten aus Politik, Wirtschaft und Wissenschaft. Aus der Riege der Politiker seien hier nur einige erwähnt: Angela Merkel, Annalena Baerbock, Jens Spahn, Nicola Sarkozy, Tony Blair, Justin Trudeau, Emmanuel Macron.

Man kann davon ausgehen, dass diejenigen, die noch im Amt sind, im Gleichschritt mit dem geplanten Umbruch mitmarschieren und diesen sogar entscheidend vorantreiben werden. Auch hier soll nicht in Abrede gestellt werden, dass diese Persönlichkeiten möglicherweise davon überzeugt sind, damit etwas für die Welt und die Menschen Förderliches zu bewirken.

Alle diese hier nur in Kürze beschrieben Maßnahmen und Aktivitäten zielen letztlich darauf ab, eine autoritative, allmächtige Weltregierung zu installieren. Schon im Jahre 1947, also kurz nach Ende des Zweiten Weltkriegs, wurde eine solche von Winston Churchill (1874 bis 1965) als ein unbedingt anzustrebendes Endziel proklamiert. Die Politiker der einzelnen Staaten werden dann in noch größerem Maße, als es heute schon der Fall ist, im Grunde lediglich Marionetten. Wenn sie nicht mitspielen würden, würden sie von den Strippenziehern fallengelassen und ihrer Ämter enthoben. Natürlich mag es – wie bereits erwähnt – auch Politiker geben, die gewisse Narrative tatsächlich für gut und förderlich halten und somit ihre feste Überzeugung vertreten.

Selbstredend werden uns all diese Bestrebungen entweder verschwiegen oder aber als etwas höchst Erstrebenswertes und Vorteilhaftes verkauft, das zum Fortschritt beitrage. Dass es aber zwangsläufig zu einer Welt-Diktatur führen wird, in der die Menschen bis in alle Bereiche des täglichen Lebens bevormundet, kontrolliert und sogar entmenschlicht werden, verschweigt man uns.

Wenn diese Ziele bis zu einem gewissen Grad erreicht sind, wäre der Boden bereitet, auf dem Ahriman sein Wirken in Menschengestalt fortsetzen und zur Entfaltung bringen könnte. Die erwähnten Möglichkeiten, den Menschen das Denken nicht nur zu verbieten, sondern zu verunmöglichen, werden bis 2030 gewiss noch nicht – wenigstens nicht in großem Stil – zu realisieren sein.

Ahriman *könnte* diese Bestrebungen aber, nachdem er sich dann inkarniert hat, entscheidend befeuern. Vermöge seiner teuflischen Genialität und seiner eiskalten, unfassbar großen Intelligenz könnte er sie den Menschen als großartige Errungenschaften schmackhaft machen. Luzifer wird ihn dabei gewiss unterstützen, indem er den Menschen weiszumachen versucht, dass dadurch ihr Leben einfacher und angenehmer werde.

Wie wird der inkarnierte Ahriman wirken und wie können wir uns ihm entgegenstellen?

Es wird ganz gewiss entscheidend sein, den Menschen, in den sich Ahriman inkarniert haben wird, zweifelsfrei zu erkennen, was möglicherweise nicht ganz einfach sein wird. Insbesondere Menschen, die überhaupt nichts von Ahriman wissen, die noch nie von ihm gehört haben, wird es zwangsläufig nicht gelingen.

> »Ahriman darf nicht auf der Erde so wirtschaften, dass er nicht bemerkt wird; man muss ihn in seiner Eigentümlichkeit voll erkennen, man muss ihm mit vollem Bewusstsein sich entgegenstellen können.«
>
> GA 195, S. 39 (Vortrag vom 25. Dezember 1919 in Stuttgart)

Von elementarer Bedeutung wird es sein, dass wir uns um Wachheit bemühen und mit offenen Augen das Geschehen in der Welt beobachten.

4.1 Wie wird Ahriman nach seiner Inkarnation auftreten und wie wird er wirken?

Um eine Antwort auf diese Frage finden zu können, müssen wir ein wenig spekulieren.

Werfen wir zunächst einen Blick auf die Situation, wie sie sich in der gegenwärtigen Zeit (Anfang Januar 2025) darstellt. Schon heute sind aufgrund globaler Agenden dramatische Entwicklungen auf vielen Ebenen nicht zu übersehen. Das gilt in besonderem Maße für das deutschsprachige Mitteleuropa, was insofern bemerkenswert ist, als gerade diesen Ländern gemäß dem göttlichen Weltenplan in der gegenwärtigen fünften nachatlantischen Kulturepoche eine wichtige spirituelle Aufgabe zukommt.

Denken Sie etwa an die Folgen einer aus unserer Sicht völlig ver-
fehlten Wirtschaftspolitik, die auf einer an religiösen Fanatismus
grenzenden Ideologie basiert. Diese hat die Energiepreise derart in
die Höhe getrieben, dass bereits zahllose Firmen Insolvenz angemel-
det haben, weil sie dadurch nicht mehr konkurrenzfähig produzieren
können. Mehr und mehr große Unternehmen gehen ins Ausland, wo
sie ihre Produkte rentabler herstellen können. Die rasante Fahrt, welche die Deindustrialisierung und die Zerstörung der Landwirtschaft
in Deutschland und vielen anderen Ländern aufgenommen hat, ist
kaum noch zu bremsen. Eine Folge davon ist, dass die Arbeitslosen-
quote und somit auch die Armut immer weiter steigen wird. Da fällt
einem gleich wieder die Aussage Klaus Schwabs ein: *»Sie werden
nichts besitzen...«*

Viele Mitmenschen werfen den Politikern, die so fatale Entscheidungen getroffen haben, Dummheit vor. Dumm sind sie – nun, es
mag Ausnahmen geben – aber gewiss nicht! Wir haben ja schon in
Kapitel 1 über die Strippenzieher im Hintergrund geschrieben. *Diese*
geben die Pläne und Agenden vor, welche die Politiker bis ins
kleinste Detail umsetzen – sei es aus Überzeugung oder aus Oppor-
tunismus.

Wenn der materielle Wohlstand noch stärker gefährdet oder gar
nicht mehr vorhanden sein wird, werden vermutlich auch die Bürger, die ansonsten nicht zu den aufgewachten gehörten, die beispielsweise die Corona-Maßnahmen heute immer noch für ange-
bracht halten und sich womöglich immer noch spritzen lassen, auf-
müpfig werden und vielleicht sogar revoltieren.

Spätestens seit der Coronazeit ist unsere Gesellschaft in hohem Maße gespalten. Viele Menschen trauen sich kaum noch, ihre Meinung
zu sagen. Die Probleme, die sich durch die unkontrollierte Einwan-
derung von Millionen Migranten ergeben, sind schon heute nicht zu
übersehen. Unsere Schulen sowie die gesamte Bildungspolitik sind
in einem desolaten Zustand, was bei vielen Eltern zu verständlichem
Missmut führt. Auch die Situation in Altenheimen und vielen Krankenhäusern ist menschenunwürdig. Die Verschuldungen zahlreicher
Staaten sind ins Unermessliche gestiegen. Die derzeitigen kriegeri-

schen Brandherde lassen einen Flächenbrand nicht mehr ausschließen. Man hat das Gefühl, auf einem Pulverfass zu sitzen.

Man könnte noch etliche weitere Aspekte anführen. Die gewaltigen und vielschichtigen Probleme, die schon in der Gegenwart in vielen Teilen der Welt – auch oder sogar gerade in Europa – herrschen, werden sich bis zum Jahre 2030 mit hoher Wahrscheinlichkeit noch verschärfen. Die vielen einzelnen Probleme werden sich zu einem gigantischen Berg auftürmen. Vielleicht meinte Rudolf Steiner genau diese Zustände, als er davon sprach, dass – wenn Ahriman sich inkarniert – die westliche Zivilisation kaum noch Zivilisation zu nennen sein werde.

> »Nun ist das Eigentümliche, dass solche Dinge lange vorbereitet werden. Die ahrimanischen Mächte bereiten die Entwickelung der Menschheit so vor, dass, wenn einstmals innerhalb der westlichen Zivilisation, die dann kaum noch Zivilisation zu nennen sein wird in unserem Sinne, Ahriman in Menschengestalt erscheint, so wie einstmals Luzifer in China in Menschengestalt erschienen ist, wie Christus Jesus in Menschengestalt erschienen ist in Vorderasien, die Menschheit Ahriman verfallen kann. Es hilft nichts, über diese Dinge sich Illusionen hinzugeben. Ahriman wird erscheinen in Menschengestalt.«

GA 193, S. 166 (Vortrag vom 27. Oktober 1919 in Zürich)

Wie auch immer – die Wahrscheinlichkeit, dass spätestens bis zum Jahr 2030 in vielen, namentlich westlichen Ländern der Erde ganz schlimme, ja chaotische Zustände herrschen könnten, ist sehr groß. Die Menschen werden ihren Regierungen nicht mehr vertrauen. Auch der ›unfehlbaren‹ Wissenschaft wird man mehr und mehr misstrauen. Schon seit längerer Zeit haben viele Menschen gemerkt, dass der so notwendige Diskurs dort nicht mehr stattfindet, sondern dass man den ideologischen Vorgaben der Machthaber folgt. Ahriman hat die Menschen die ›Karre‹ so tief in den Dreck fahren lassen, dass nur noch ein übermenschliches Wesen sie wieder herausholen kann.

Vermutlich werden dann Rufe nach einem ›Heilsbringer‹ laut.

Das wäre der ideale Nährboden, auf dem der verkörperte Ahriman seine Wirksamkeit entfalten kann. Die in Kapitel 3 beschriebenen und von ihm inaugurierten Entwicklungen, Tendenzen und Agenden bis hin zu einer weitgehenden Gleichschaltung großer Teile der Menschheit haben diesen Nährboden bereitet. Er hat also alles sorgfältig vorbereitet. Die meisten Menschen sind es schon gewohnt, einer ›Obrigkeit‹ zu folgen. Ahriman braucht dann im Grunde nur die richtigen Narrative und ›Belohnungen‹ anzubieten. Es wird ihm ein Leichtes sein, solche zu finden.

Wie wird er auf der Weltbühne erscheinen?

Sicher scheint uns zu sein, dass Ahriman *nicht* im Verborgenen wirken wird, denn das tut er schon seit langer Zeit. Dazu müsste er sich nicht inkarnieren.

Vermutlich wird er kein hohes öffentliches Amt bekleiden. Er wird also nicht etwa als Präsident der USA oder als Chef einer der großen globalen Organisationen auftreten. Die schwarzen Logen könnten ihm dabei behilflich sein, dass er in eine bestimmte Stellung kommt, in der es ihm gelingen wird, durch eine hohe Präsenz in den Medien und im Internet weiten Teilen der Öffentlichkeit schnell bekannt zu werden. Möglicherweise hat der Mann oder die Frau, in deren Hüllen sich Ahriman einsenken wird, schon zuvor eine solche Stellung inne.

Man würde nun ganz fehlgehen, wenn man glaubte, dass Ahriman sich dann so gebärden würde, dass jeder ihn gleich als die Inkarnation des Bösen erkennen könnte. Dazu ist er viel zu intelligent. Er wird also gewiss kein *offensichtliches* Unheil bringen.

Auch seine Physiognomie wird ganz sicher *nicht* verraten, dass er Satan ist. Er wird ganz im Gegenteil wohl eher ein sympathisch wirkendes Antlitz tragen. Er wird vermutlich so auftreten, dass er von der Öffentlichkeit schnell als eine ganz besondere und herausragende Persönlichkeit wahrgenommen wird. Durch sein Charisma wird es ihm im Handumdrehen gelingen, seinen Einfluss geltend zu machen und den Großteil der Menschheit für sich und seine Pläne begeistern zu können. Die Menschen werden vermutlich von seiner Eloquenz und Intelligenz begeistert sein und ihm gern zuhören und folgen.

Vielleicht wird er sich als Retter und Erlöser ausgeben. Vielleicht wird er sich als der große Stifter von Ordnung und Frieden darstellen und ›geniale‹ Lösungen anbieten. In der Zeit der sogenannten Corona-Pandemie hat Ahriman die weltlichen Machthaber schon einmal testen lassen, inwieweit die Menschheit bereit ist, etwas mitzumachen, was für sie *angeblich* hilfreich und nützlich ist. Das hat bedenklich gut funktioniert. Freilich waren sich die Machthaber – abgesehen von den schwarz-magisch Eingeweihten und den Mitgliedern der schwarzen Logen – nicht bewusst, welchem Herrn sie dienten. Vermutlich glaubten viele sogar, das Richtige und Gute zu tun.

Ahriman könnte als der große und mächtige spirituelle Wohltäter auftreten, der sich womöglich an die Stelle des Christus setzen will. Viele Christen, die irrtümlicherweise glauben, dass die Wiederkunft des Christus in einem fleischlichen Leib erfolgen werde, könnten ihn dann vielleicht sogar für den wiedergekommenen Christus halten. Auch orthodoxe Juden, die tragischerweise nicht anerkennen können, dass der Messias bereits vor 2.000 Jahren gekommen ist, könnten Ahriman für ihn halten. Der Christus-Jesus hat bereits darauf hingewiesen, dass falsche Christusse, dass falsche Messiasse auftreten werden:

»Wenn euch jemand sagt: Siehe, hier ist der Christus, oder: da ist er – so glaubt es nicht! Denn falsche Christusse und falsche Propheten werden auftreten und große Zeichen und Wunder verrichten, um womöglich sogar die Auserkorenen irrezuführen. Seht, ich habe es euch vorhergesagt.«[1]

Rudolf Steiner hat ebenfalls mehrfach davor gewarnt, zumal in den letzten Jahrhunderten schon einige Persönlichkeiten aufgetreten sind, die sich als Christus ausgaben, was auch von vielen Menschen tatsächlich geglaubt wurde.[2]

Als was auch immer Ahriman sich ausgeben und darstellen wird, kann als sehr wahrscheinlich betrachtet werden, dass er als eine Art ›Weltherrscher‹ auftreten wird, dem die Menschen gern folgen werden, ohne zu wissen, wem sie folgen.

Davon, dass er ›seine‹ Technologien – insbesondere den Transhumanismus und die medizinischen Eingriffe durch ›Impfungen‹ und

Genmanipulationen – weiter vorantreiben wird, ist gewiss auszugehen. Die globalen Eliten, Wissenschaftler, Politiker und Medien werden ihn dabei willfährig unterstützen, zumal es ihnen große Vorteile bringen wird.

Vermutlich reicht unsere Phantasie nicht aus, um uns vorstellen zu können, was er alles mit seinen schwarz-magischen Künsten in die Welt bringen wird.

4.2 Was sagte Rudolf Steiner ganz konkret über das Wirken des inkarnierten Ahriman?

R udolf Steiner machte ein paar *konkrete* Angaben, wie Ahriman nach seiner Inkarnation wirken werde, sofern die Menschen gegen die Zukunft hin nichts tun würden, um eine neue Weisheit, wie sie die anthroposophisch orientierte Geisteswissenschaft bringt, selbst zu erringen, um so die Ahrimanisierung der Menschheitskultur zu verhindern. Er hatte die Hoffnung, dass die Anthroposophie im 20. Jahrhundert die Herzen hinreichend vieler Menschen ergreifen werde, so dass diese Ahriman mit dem rechten Bewusstsein entgegentreten und ihm sein Wirken nach seiner Inkarnation erschweren könnten. Daher hat er die Aussagen, die wir in diesem Abschnitt zitieren wollen, immer im Konjunktiv (»würde«) formuliert.

»Was würde nun aber eintreten, wenn zum Beispiel die Menschen so blieben, wie sie heute gute Neigung haben zu sein, wenn sie also die zu Ahriman hinführenden Strömungen nicht in der Weise auffassen, durchschauen und dadurch in das richtige Geleise führen würden, [...] ?

Dann würde eben, sobald Ahriman in dem bestimmten Zeitpunkte sich in der westlichen Welt inkarniert, die Menschheitskultur ganz ahrimanisiert werden.«

GA 191, S. 273 (Vortrag vom 15. November 1919 in Dornach)

Wie wir im vorigen Kapitel gesehen haben, hat die Menschheit die Entwicklungen und Tendenzen, welche Ahriman den Boden für seine Inkarnation bereiten, verschlafen und ihnen nichts entgegengesetzt. Die Menschheitskultur ist schon heute weitgehend ahrimanisiert. Dass sich in den nächsten Jahren daran etwas Wesentliches verändern wird, ist selbst bei größtmöglichem Optimismus nicht zu erwarten. Es wird dem unrechtmäßigen Fürsten der Welt ein Leichtes sein, die Erdenkultur mit seinem Wesen zu durchdringen. Somit können wir im Folgenden *bei unseren Ausführungen* den Indikativ (»wird«) verwenden.

Was *wird* Ahriman dann, sobald er in Menschengestalt auf die Erde kommt, den Menschen *konkret* bringen?

»Ahriman würde den Menschen durch die grandiosesten Künste alles dasjenige bringen, was bis dahin nur mit großer Mühe und Anstrengung erworben werden kann an hellseherischem Wissen, [...]

Denken Sie sich, wie unendlich bequem das sein würde! Die Menschen würden gar nichts zu tun brauchen. Sie würden materialistisch hinleben können, sie würden essen und trinken können, [...], und würden sich nicht zu kümmern brauchen um irgendein Geistesstreben. Die Ahrimanströmungen würden ihren ›schönen, guten‹ Verlauf nehmen.

Wenn im richtigen Zeitpunkt Ahriman in der westlichen Welt inkarniert wird, würde er eine große Geheimschule gründen, in dieser Geheimschule würden die grandiosesten Zauberkünste getrieben werden, und über die Menschheit würde ausgegossen werden alles dasjenige, was sonst nur mit Mühe zu erwerben ist.

Man darf sich wiederum nicht philiströs vorstellen, dass Ahriman, wenn er herunterkommt, eine Art von ›Krampus‹ ist, der den Menschen allen möglichen Schabernack antut. O nein, alle die Bequemlinge, die heute sagen: Wir wollen nichts von Geisteswissenschaft wissen –, die würden seinem Zauber verfallen, denn er würde in grandiosester Weise die Menschen in großen Mengen durch Zauberkünste zu Hellsehern machen können.«

GA 191, S. 273 (Vortrag vom 15. November 1919 in Dornach)

Diese Hellsichtigkeit, zu der Ahriman die Menschen führen wird, wird aber eine sehr fatale sein. Sie wird *nicht* dazu führen, dass die

Menschen alle das Gleiche, den geistigen Tatsachen entsprechende wahrnehmen werden, wie es heute bei Menschen, die in rechtem Sinne zu Hellsehern geworden sind, der Fall ist. Jeder wird *etwas anderes* hellsichtig schauen. Das wird zu einer weiteren großen Spaltung und fürchterlichem Streit in der Menschheit führen.

> »Nur würde er allerdings die Menschen so zu Hellsehern machen, dass der einzelne Mensch furchtbar hellsichtig würde, aber ganz differenziert: Dasjenige, was der eine sehen würde, würde der andere nicht sehen, nicht ein dritter! Die Menschen würden alle durcheinanderkommen, und trotzdem sie ein Fundament von hellseherischer Weisheit empfangen würden, würden sie nur in Streit und Hader kommen können, denn die Gesichte der verschiedenen Menschen wären die verschiedensten.
>
> Schließlich aber würden die Menschen mit ihren Gesichten sehr zufrieden sein, denn sie würden ja ein jeder in die geistige Welt hineinsehen können.«
>
> GA 191, S. 273f. (Vortrag vom 15. November 1919 in Dornach)

Dadurch könnte *letztendlich* die gesamte Erdenkultur Ahriman verfallen.

> »Die Menschheit würde dem Ahriman verfallen, einfach dadurch, dass sie sich nicht selbst angeeignet hat, was ihr dann Ahriman geben würde. Das wäre der allerschlechteste Rat, den man den Menschen geben könnte, wenn man ihnen sagte: Bleibt nur, wie ihr seid! Ahriman wird euch ja alle hellsehend machen, wenn ihr es wollt. Und ihr werdet es wollen, denn Ahriman wird eine große Macht haben! –
>
> Aber die Folge davon würde sein, dass auf der Erde das Ahrimanreich errichtet würde, dass die ganze Erde verahrimanisiert würde, dass da gewissermaßen zugrunde gehen würde, was bisher von der Menschenkultur erarbeitet worden ist. Erfüllen würde sich alles dasjenige, was im Grunde in unbewusster Tendenz die gegenwärtige Menschheit ja eigentlich heillos will.«
>
> GA 191, S. 274 (Vortrag vom 15. November 1919 in Dornach)

Mitmenschen, die sich mit dem geisteswissenschaftlichen Rüstzeug, das wir Rudolf Steiner verdanken, ausgestattet haben, wird es vielleicht gelingen, den Menschen, in dessen Leibeshüllen sich Ahriman verkörpert hat, zu erkennen. Inwieweit sie es dann vermögen, sich seinen Machinationen zu entziehen, ist allerdings wieder ein anderes Thema...

4.3 Wie können wir Ahriman entgegenwirken? Was kann uns Mut machen?

E s wäre gewiss fatal, uns auf den Standpunkt zu stellen, dass alles schon nicht so schlimm kommen werde und dass die guten Götter uns beistehen und alles zum Guten lenken würden.

Heute, im Zeitalter der Bewusstseinsseele ist es die ureigene Aufgabe des Menschen, mit den Widerständen, die Ahriman in die Welt bringt, *weitgehend* selbst fertig zu werden. Wir müssen uns dieser Herausforderung gewachsen zeigen, damit wir durch sie reifen können. Würden uns die geistigen Wesen der höheren Hierarchien diese Arbeit abnehmen, so wäre es – um noch einmal auf das in Kapitel 1 (☞ S. 53) angeführte plakative Beispiel mit dem Gewichtheber zurückzukommen – das Gleiche, wie wenn diesem seine Trainer und seine Trainingskameraden immer dabei helfen würden, die Gewichte in die Höhe zu wuchten.

Die guten Götter haben uns frei gelassen; sie setzen großes Vertrauen in uns. Sie werden nur dann helfend eingreifen, wenn wir sie inständig darum bitten.

Zunächst einmal sollten wir uns bewusst machen, dass die bevorstehende Inkarnation Ahrimans Teil des göttlichen Weltenplans ist. Ahriman *muss* auf die Erde kommen, und er *wird* kommen. Es wäre fatal, wenn nicht genügend viele Menschen davon wüssten und sich entsprechend wappnen würden.

> »Es hilft nichts, über diese Dinge sich Illusionen hinzugeben. Ahriman wird erscheinen in Menschengestalt. Es wird sich nur darum handeln, wie er die Menschen vorbereitet findet: ob seine Vorbereitungen dazu helfen, dass er die ganze Menschheit, die sich heu-

te die zivilisierte nennt, zu seinen Anhängern hat, oder ob er die Menschheit so findet, dass sie ihm Widerstand leisten kann. Es hilft heute nichts, sich über diese Dinge Illusionen hinzugeben. Die Menschen fliehen heute gewissermaßen die Wahrheit, die man ihnen ja in ganz ungeschminkter Gestalt doch nicht geben kann, weil sie sie verlachen, verspotten, verhöhnen würden. Aber wenn man sie ihnen so gibt, wie es jetzt durch die Dreigliederung des sozialen Organismus versucht wird, dann wollen sie, in ihrer Masse wenigstens, sie auch noch nicht haben.

Aber das, dass man die Dinge nicht haben will, das ist gerade eines der Mittel, deren sich die ahrimanischen Mächte bedienen können, damit Ahriman dann, wenn er in Menschengestalt erscheint, eine möglichst große Anhängerschaft auf der Erde haben werde.

Gerade dieses Sich-Hinwegsetzen über die wichtigsten Wahrheiten, das wird Ahriman die beste Brücke bauen für das Gedeihliche seiner Inkarnation. Denn, sehen Sie, es hilft nichts anderes, die richtige Stellung zu finden gegenüber dem, was da in der Menschheitsentwickelung sich abspielen wird durch Ahriman, als unbefangen die Kräfte kennenzulernen, durch die das Ahrimanische wirkt, und auch die Kräfte kennenzulernen, durch welche die Menschheit sich wappnen kann, um nicht versucht und verführt zu werden durch die ahrimanischen Mächte.«

GA 193, S. 165f. (Vortrag vom 27. Oktober 1919 in Zürich)

Alles, was wir im Folgenden als Möglichkeiten, sich der ahrimanischen Macht entgegenzustellen, skizzieren werden, gilt nicht erst für die Zeit, in der Ahriman auf der Erde wirken wird, sondern auch schon heute, wo seine Inkarnation noch bevorsteht.

4.3.1 Stärkung durch Anthroposophie

Die Beschäftigung mit der Anthroposophie, die Rudolf Steiner im Auftrage des Erzengels Michael in die Welt gebracht hat, ist *ganz grundsätzlich* das stärkste Gegenmittel, das wir gegen die Bestrebungen Ahrimans haben. Sie bereichert uns nicht nur mit den tiefsten geisteswissenschaftlichen Erkenntnissen, sondern durch sie werden wir auch bis in unseren inneren Wesenskern *gestärkt*.

»Wir versammeln uns so oft, weil wir nicht nur unsere Erkenntnis bereichern wollen, wenn wir Lehren aufnehmen, sondern weil die Lehren, wenn sie in der richtigen Weise gegeben sind, geeignet sind, unseren Wesenskern immer stärker und kräftiger zu machen. Wir gießen einen geistigen Lebenssaft in unsere Angelegenheiten, wenn wir zusammenkommen und uns mit Anthroposophie beschäftigen.

So ist Anthroposophie nicht eine Theorie, sondern ein Lebenstrank, ein Lebenselixier, das sich uns immer wieder in die Seele gießt, und von dem wir wissen, es macht die Seele immer stärker und immer kräftiger. Und wenn Anthroposophie nicht mehr das sein wird für die Menschen, was sie heute ist durch den Unverstand der äußeren Welt, wenn sie einmal eingreifen wird in unser ganzes geistiges Leben, dann werden die Menschen sehen, wie das Heil, auch des physischen Lebens, des ganzen äußeren Lebens von der Stärkung abhängt, die durch die anthroposophische Betrachtung, durch das anthroposophische Miterleben gewonnen werden kann.

Es wird die Zeit kommen, wo solche anthroposophischen Versammlungen das wichtigste Stärkungsmittel für die Menschen werden können, so dass sie hinausgehen und sagen: Wir verdanken das, was wir können, unsere Gesundheit, unsere Kraft im Leben, dem Umstande, dass wir uns in unserem eigentlichen Wesenskern, in unserem Wesenszentrum immer aufs Neue stärken! –

Erst wenn die Menschen fühlen: Anthroposophie gibt ihnen durch die Einzelbetrachtungen dasjenige, was sie bis in den physischen Leib hinein kraftvoll und gesund macht, erst dann werden sie fühlen diese Mission der Anthroposophie. Und heute sollen diejenigen, welche sich mit der Anthroposophie beschäftigen, sich als Pioniere betrachten für die Anthroposophie als etwas Lebenstärkendes! Dann wird sie erst das rechte sein und erst den richtigen Angriffspunkt gewinnen können gegen etwas, was heute so vielfach lebenschwächend ist.«[3]

Die anthroposophisch orientierte Geisteswissenschaft ist auch das wirksamste Gegenmittel, das wir gegen die Bestrebungen Ahrimans und Luzifers heute haben. Es muss möglichst viele Menschen geben, die sich mit den Erkenntnissen dieser Geisteswissenschaft durchdringen und diese ins Alltagsleben integrieren. Das ist die wichtigste Möglichkeit, um dem, was Ahriman anstrebt, entgegenzuwirken.

> »Dasjenige, um was es sich handelt, ist nun dieses: Gerade diejenige Zukunftsweisheit, die hellsichtiger Art ist, diese Zukunftsweisheit, die muss wiederum dem Ahriman abgenommen werden. Man kann sagen: Es ist nur ein Buch, nicht zwei Weisheiten – ein Buch. –
>
> Es handelt sich nur darum, ob Ahriman das Buch hat oder Christus. Christus kann es nicht haben, ohne dass die Menschheit dafür kämpft. Und die Menschheit kann nur dadurch dafür kämpfen, dass sie sich sagt, sie müsse bis zu demjenigen Zeitpunkte, in dem Ahriman auf der Erde erscheint, durch eigene Anstrengung diesen Inhalt der geistigen Wissenschaft errungen haben.
>
> Sehen Sie, das ist die kosmische Arbeit der Geisteswissenschaft. Die kosmische Arbeit der Geisteswissenschaft besteht ja darinnen, dass das Wissen der Zukunft nicht ahrimanisch werde beziehungsweise bleibe.«
>
> GA 191, S. 274f. (Vortrag vom 15. November 1919 in Dornach)

Sollte die Inkarnation Ahrimans – so wie wir es vermuten – tatsächlich schon *etwa* im Jahre 2030 erfolgen, muss man sehr skeptisch sein, dass sich bis dahin ein Großteil der Menschheit mit der Anthroposophie durchdrungen haben wird, um so das notwendige Gegengewicht bilden zu können. Allerdings besteht die Hoffnung, dass es wenigstens eine genügend große Anzahl von Menschen geben wird, die sich in der rechten Weise vorbereitet haben wird.

4.3.2 Zuversicht und Mut statt Furcht

Man kann sich einmal fragen, was man *im Äußeren* tun kann, um den Bestrebungen des inkarnierten Ahriman entgegenzuwirken.

Zunächst muss betont werden, dass es völlig aussichtslos wäre, Ahriman oder seiner Gefolgschaft mit logischen Argumenten oder intellektuellen Mitteln beikommen zu wollen. Dazu ist die Intelligenz Ahrimans, des Herren des Intellekts, zu übermächtig.

»Mit Ahriman sich etwa in eine Diskussion einzulassen, würde bedeuten, dass man geradezu zerschmettert würde von der logischen Folgerichtigkeit, von der grandiosen Treffsicherheit, mit der er seine Argumente handhabt. Für die Welt der Menschen, so ist die Meinung Ahrimans, muss sich erst entscheiden, ob Klugheit oder Torheit herrschen wird. Und töricht nennt Ahriman alles, was nicht in voller persönlicher Individualität die Intelligenz in sich schließt. Denn jedes Ahrimanwesen ist persönlich überintelligent, so wie ich es Ihnen eben geschildert habe, kritisch in der Ablehnung alles Unlogischen, spottend, verächtlich denkend.«[4]

Auch wäre es gewiss nicht zielführend, Aufstände, Revolten oder dergleichen anzuzetteln.

Wir müssen mit offenen Augen durch die Welt gehen und dürfen uns nicht von den Verlautbarungen der Mainstream-Medien einlullen oder verblenden lassen. Wir dürfen uns beim Denken nicht ›betreuen‹ lassen, sondern wir müssen eigenständig denken. Wir müssen durchschauen, wenn uns irgendwelche Maßnahmen als großer Fortschritt, demokratie-fördernd oder zur Lösung echter oder fiktiver Probleme angepriesen werden. Insbesondere sollten wir – soweit es noch ohne drastische Sanktionen möglich ist – nicht mitmachen, wenn man uns in den Sog der Digitalisierung oder gar der transhumanistischen Pläne treiben möchte. Angebote, uns irgendwelche elektronischen Bauteile einzupflanzen oder ›Impfungen‹, namentlich solche, deren Seren auf der mRNA-Technologie basieren – und das werden zukünftig wohl alle sein! – zu verabreichen, sollten wir dankend ablehnen. Sollten wir eines Tages auch zu denjenigen Menschen gehören, die plötzlich hellsichtig werden, so sollten wir das Geschaute äußerst kritisch betrachten und mit den Erkenntnissen, die wir uns aufgrund des Studiums der anthroposophisch orientierten Geisteswissenschaft erworben haben, vergleichen, um sie dann vermutlich als von Ahriman inspirierte Halluzinationen zu verwerfen.

Wir können auch versuchen, unsere unwissenden Mitmenschen vorsichtig und behutsam aufzuklären, ohne sie zu missionieren.

Viel entscheidender ist das, was wir *in unserem Inneren* tun können.

Es wäre durchaus verständlich, wenn wir aufgrund der dystopischen Aussichten der Zukunft mit Angst und Schrecken entgegensähen. Schon der Volksmund sagt, dass Angst kein guter Ratgeber ist. Angst ist ein seelischer Zustand, der ganz eindeutig auf den Einfluss Ahrimans zurückzuführen ist.

»Wer ängstlich und furchtsam hinblickt auf das, was ihm die Zukunft bringen kann, der hindert seine Entwickelung, hemmt die freie Entfaltung seiner Seelenkräfte. Nichts ist eigentlich dieser freien Entfaltung der Seelenkräfte so hinderlich als die Furcht und Angst vor dem Unbekannten, das aus dem Strome der Zukunft in die Seele hereintritt. [...] Was auch kommt, was mir auch die nächste Stunde, der nächste Morgen bringen mag, ich kann es zunächst, wenn es mir ganz unbekannt ist, durch keine Furcht und Angst ändern. Ich erwarte es mit vollkommenster innerer Seelenruhe, mit vollkommener Meeresstille des Gemütes! Jene Erfahrung, die sich aus einem solchen Ergebenheitsgefühl gegenüber den Zukunftsereignissen ergibt, geht dahin, dass derjenige, der so gelassen, mit vollständiger Meeresstille des Gemütes der Zukunft entgegenleben kann und dennoch seine Energie, seine Tatkraft in keiner Weise darunter leiden lässt, die Kräfte seiner Seele in der intensivsten Weise, in der freiesten Art zu entfalten vermag.«[5]

»Durch Angst und Furcht wird unsere Entwickelung gehemmt; wir weisen durch die Wellen der Furcht und der Angst das zurück, was in unsere Seele aus der Zukunft herein will. Aber wir nähern uns ihm in befruchtender Hoffnung, so dass es in uns hineinkommen kann, wenn wir ihm in Ergebenheit entgegenleben. So ist diese Ergebenheit, die uns scheinbar klein macht, eine starke Kraft, die uns der Zukunft entgegenträgt, so dass die Zukunft den Inhalt der Seele bereichert und unsere Entwickelung auf eine immer neue Stufe bringt.«[6]

Die folgenden Worte, die Rudolf Steiner in einem Vortrag am 10. Juni 1915 in Berlin sprach, dürften auch für unsere Zeit und für die nahe Zukunft, wenn Ahriman als Mensch in der Erdenwelt wirkt, volle Gültigkeit haben:

»Wenn unsere Zeit, meine lieben Freunde, diese Dinge einmal einsehen wird, aber denkend, fühlend, mit Empfinden durchdringen wird – es braucht ja kein Hochmut dabei zu sein –, dann wird es dieser Zeit klar sein, wie auch die schmerzlichsten, niederdrückendsten Ereignisse der Gegenwart eben nur da sind, um an die Menschheit heranzubringen das Gefühl von der Aufgabe, die diese Menschheit für die nächste Zukunft zu erfüllen haben wird. Man möchte nur hoffen, dass Großes, Schmerzliches, das die Menschheit erlebt, auch eine wirkliche und auch wahre Vertiefung der Gemüter hervorbringen kann. Wahr ist es schon, dass man leider in dem, was zum Ausdruck gebracht wird, namentlich in dem gesprochenen und literarisch Geschriebenen, den großen Ernst, den unsere Zeit von uns fordert, keineswegs erkennt, dass da noch vieles, vieles in die Menschengemüter hinein muss, damit dieser große Ernst, ich möchte sagen, dieser trostvolle Ernst die Gemüter wirklich so erfülle, dass der Mensch getragen werden kann durch die Aufgaben, die ihm gestellt werden.

Ernst ist es auf der einen Seite, was uns zur Aufgabe gestellt wird, aber es ist ein trostvoller, hoffnungsvoller, Zuversicht einflößender Ernst von der anderen Seite. Man braucht nur einzusehen, dass wir in einer Zeit leben, in der Großes von uns gefordert wird, dass aber auch dieses Große von uns erfüllt werden kann.

Und man wird auch in dieser Zeit zu einer pessimistischen Weltanschauung nicht kommen können.«[7]

Ein guter Rat kann auch dasjenige sein, was Paulus im Brief an die Epheser schrieb, als er von einer »geistigen Waffenrüstung« sprach, die sich jeder Mensch anlegen solle:

Worauf es schließlich ankommt, ist dies:

Lasset euch, die ihr dem Herrn dienen wollt, durchströmen von der gewaltigen Stärke seiner Sonnen-Macht.

Ziehet die volle Waffenrüstung Gottes an, damit ihr bestehen könnt gegen die zielbewussten Angriffe des Widersachers. Was uns obliegt, ist nicht ein Kampf gegen irdische Mächte von Fleisch und Blut, sondern gegen Geistwesen, mächtig im Zeitenstrom, gegen Geistwesen, gewaltig in der Erdenstoffgestaltung, gegen Wesen, die über eine verhärtete Welt als Herrn der Finsternis herrschen, gegen Wesen, die in den Geisteswelten die Macht des Bösen selber sind.

Darum ergreifet mutig die Waffenrüstung Gottes, damit ihr Widerstand leisten könnt an dem Tage, da das Böse seinen höchsten Stand erreicht. Ihr sollt bestehen als solche, die alles gottgewollte Werk vollbringen.

Stehet fest, an den Hüften umgürtet mit strengster Wahrhaftigkeit.

Leget den strahlenden Brustpanzer des wahren höheren Seins an.

Beschuhet eure Füße, so dass ihr im Dahinschreiten Frieden verbreitet als die Botschaft, die von den Engeln kommt.

In all euren Taten hebet den Schild des Glaubens empor, durch den ihr auslöschen könnt alle Geschosse des Widersachers, die in unreinem Feuer lodern.

Nehmt in euer Denken die Gewissheit des Heiles auf, sie bewahrt euer Haupt gleich einem Helm.

Lernt das Schwert des Geistes schwingen, welches ist das Wortwirken Gottes.

Diese Rüstung bekleide euch in all eurem Bitten und Beten; euer Inneres möge jederzeit betend im Geiste leuchten. Auf diese Ziele sei eure wache Geisteskraft gerichtet in all euren Seelenübungen und Gebeten, in die ihr alle, die sich heiligen, miteinbeziehet.[8]

Emil Bock (1895 bis 1959), Gründungsmitglied und Priester der Christengemeinschaft, verfasste den folgenden Spruch, der ebenfalls Mut und Zuversicht verleihen kann. Dieser hat gewiss auch seine Geltung, wenn Ahriman kommt.

Inmitten einer Menschheit,
die voller Angstträume ist und fragt,
was noch alles kommen soll,
wollen wir eine stille Schar sein,
die weiß, was kommt.
Sie weiß nämlich, wer kommt.
Und wenn ER kommt,
mag ruhig alles andere auch kommen.[9]

Mit »ER« ist natürlich der Christus gemeint, dessen Wiederkunft im Ätherischen gemäß Rudolf Steiner im zweiten Drittel des 20. Jahrhunderts begonnen hat.

4.3.3 Das richtige Denken als ›Waffe‹ gegen Ahriman

Wie bereits erwähnt gehört die Verbreitung von Panik, Angst und Furcht zu den ›Kernkompetenzen‹ Ahrimans. Er ist dasjenige Wesen, das die Furcht in den Menschenseelen sät.

Es gibt aber etwas, vor dem er sich selbst fürchtet: Zum einen fürchtet er, erkannt zu werden; zum anderen fürchtet er das *wahrheitsgemäße* und *richtige* Denken des Menschen mehr als der sprichwörtliche Teufel das Weihwasser. Der Publizist, Verleger und Anthroposoph Thomas Meyer schrieb Ende 2020 – inmitten der Coronazeit – dazu: *»Ahriman ist der kosmische Furchterreger, das ist bekannt. Wir brauchen gegenwärtig nur die Stimmung auf den Straßen oder in den öffentlichen Verkehrsmitteln in uns aufzunehmen, mit allen Folgen wie Misstrauen, Denunziantentum und so weiter. Weniger bekannt und noch weniger beachtet ist aber, dass sich Ahriman selber fürchtet. Nicht in unbestimmter, allgemeiner Art; nein, er fürchtet nur eines, er fürchtet, dass der Mensch sein Denken anwendet, um spirituelle Tatsachen und Wesenheiten zu begreifen; nicht zuletzt auch ihn, Ahriman.«*[10]

In seinem vierten Mysteriendrama *»Der Seelen Erwachen«* lässt Rudolf Steiner Ahriman sprechen:

> *Es ist jetzt Zeit, dass ich aus seinem Kreise*
> *Mich schnellstens wende; denn sobald sein Schauen*
> *Mich auch in meiner Wahrheit* **denken** *kann,*
> *Erschafft sich mir in seinem Denken bald*
> *Ein Teil der Kraft, die langsam mich vernichtet.*[11]

Wenn Ahriman also in unseren Gedanken etwa wahrnehmen kann – dazu müssen wir ihm freilich nicht im Äußeren begegnen –, dass wir wissen, wer er ist, dass wir seine Mission kennen und bis zu einem gewissen Grad tolerieren, uns aber von seinem Wirken nicht beeinflussen lassen wollen, mag seine Macht über uns schon deutlich eingeschränkt sein.

In der Tat ist ein richtiges Denken die vielleicht stärkste ›Waffe‹, mit der wir uns der ahrimanischen Macht entscheidend entgegenstellen können. Daher ist es so wichtig, dass wir die Tendenzen, uns schon gegenwärtig im Rahmen des sogenannten Kampfes gegen Desinformation das Denken und die freie Meinungsäußerung verbieten zu wollen, und die möglicherweise schon in naher Zukunft zu erwartenden ›schärferen Geschütze‹ (☞ Kapitel 3, S. 117ff.) erkennen und sie nicht zur Geltung kommen lassen.

Mit »richtigem Denken« ist natürlich nicht das übliche und zumeist bequeme Denken gemeint, wie es heute auf allen Ebenen – bis in die Wissenschaften und Religionen hinein – die Oberhand gewonnen hat. Dieses heute so weit verbreitete abstrakte, schattenhafte, tote Denken, das oftmals nichts mit der Wirklichkeit zu tun hat, ist sogar so etwas wie ›Futter‹ für Ahriman, dessen Gabe es ja im Grunde ist. Natürlich ist es nicht ganz einfach, zu einem richtigen und wirklichkeitsgemäßen Denken fortzuschreiten. Mehr als nur einen ersten Schritt auf diesem Weg können wir machen, indem wir das, was uns die Geisteswissenschaft über geistige Welten, Wesen und sonstige Tatsachen mitteilt, in unseren Gedanken bewegen, wozu eine gewisse Anstrengung vonnöten ist.

Das richtige Denken kann natürlich auch an allen Erscheinungen des alltäglichen Lebens geübt werden. Nehmen wir die aktuellen politischen und gesellschaftlichen Krisen, über die wir geschrieben haben als Beispiel. Hier wäre es nun einfach und höchst bequem, wenn man sich darüber zu keinen anderen Gedanken erheben könnte als denjenigen, die einem Tag für Tag über die Massenmedien ins Haus fluten und unser Bewusstsein besetzen wollen, so dass in ihm kaum noch etwas anderes Platz finden kann.
Das Denken fängt häufig mit den richtigen *Fragen* an. Nur muss man sich diese auch stellen...

Unser Denken muss natürlich auf der Wahrheit basieren. Wir müssen also immer mit tiefstem Ernst nach der Wahrheit streben. Wenn es um politische Narrative geht, so müssen wir das große Wort »Wahrheit« nicht unbedingt bemühen. Wir sollten uns auf jeden Fall umfassend und aus mehreren Quellen informieren, um uns dann eine *eigene* fundierte Meinung bilden zu können. Fatal wäre es, wenn wir unsere Informationen ausschließlich aus den Nachrichten und Verlautbarungen des sogenannten »öffentlich-rechtlichen Rundfunks« oder anderer staatsnaher Medien beziehen würden

Wie schon Johann Gottlieb Fichte (1762 bis 1814) schrieb, besteht die Wahrheit, die durch eigene Anstrengung und Kraftanwendung hervorgebracht werden muss, darin, mit sich selbst übereinstimmend zu denken. Jeder Mensch trägt in seinem Inneren so etwas wie ein Gefühl oder Gespür für die Wahrheit.

»Denn alle Summe der Wahrheit ist in jeder einzelnen Seele als Keim vorhanden und kann erblühen, wenn sich die Seele diesem Keim hingibt.«[12]

Goethe schrieb über dieses Wahrheitsgefühl: *»Alles, was wir Erfinden, Entdecken im höheren Sinne nennen, ist die bedeutende Ausübung, Betätigung eines originalen Wahrheitsgefühles, das, im Stillen längst ausgebildet, unversehens, mit Blitzesschnelle zu einer fruchtbaren Erkenntnis führt. Es ist eine aus dem Innern am Äußern sich entwickelnde Offenbarung, die den Menschen seine Gottähnlichkeit vorahnen lässt. Es ist eine Synthese von Welt und Geist, welche von der ewigen Harmonie des Daseins die seligste Versicherung gibt.«*[13]

In der Bewusstseinsseele führt das reine Denken, das losgelöst ist von Sympathien und Antipathien, zur Wahrheit und zum sittlich Guten.

»Gefühlt muss werden das ganze Gewicht dieser Worte: die Wahrheit lieben und nicht die Lüge lieben um der Konvention willen, um des angenehmen gesellschaftlichen Lebens willen. Denn nachsichtig sein mit der Lüge, ist gerade so viel schon, wie die Lüge lieben. Die Welt aber wird in der nächsten Zeit nicht durch das frivole Gleichgültigsein gegenüber der Unwahrheit, sondern allein durch das freie und frische Sich-Bekennen zur Wahrheit weiterkommen. [...]

Denn zur rechten Liebe gehört ja Enthusiasmus für die Wahrheit. Und weiterkommen wird die Welt nur durch diesen Enthusiasmus für die Wahrheit.«[14]

In diesem Zusammenhang möchten wir auch noch einmal auf die in Kapitel 1 (☞ S. 58) erwähnte Empfehlung Rudolf Steiners hinweisen, den Prolog des Johannes-Evangeliums und das achte Kapitel zu *durchdenken*, um vor zu starken Angriffen Ahrimans geschützt zu sein.

Es ist gewiss eine Gratwanderung, auf der einen Seite das durch Ahriman in die Welt gebrachte Böse und seine Machinationen bis zu einem gewissen Grad zu erkennen und im Bewusstsein zu tragen, und auf der anderen Seite nicht die Hoffnung zu verlieren und nur negativ zu denken.

Sie kennen sicher den Liedtext *»Die Gedanken sind frei, [...] Kein Mensch kann sie wissen, kein Jäger erschießen.«* Entspricht das wirklich den Tatsachen? Nun, dass kein Jäger die Gedanken erschießen kann, ist freilich richtig, da sie nichts Physisches sind. Dass kein Mensch sie wissen kann, gilt nur für Menschen, die nicht hellsichtig sind. Alle geistigen Wesen – auch die sogenannten Toten – können sie ebenfalls sehr wohl wahrnehmen. Die Gedanken sind allerdings in dem Sinne, dass sie keine Folgen hätten, keineswegs frei! Vielmehr sind sie sogar sehr mächtig und können vieles bewirken. Man sollte die Kraft der Gedanken nicht unterschätzen. Gedanken sind ganz reale Wesenheiten, *»Gedankenwesen«*. Allein wenn wir das Richtige und Wahre denken, so hat das eine gewaltige und außerordentlich segensreiche Wirkung für den Kosmos.

Umgekehrt ist es fatal, wenn wir das Unwahre denken oder nur negative, pessimistische Gedanken bewegen.

Wie wir in Kapitel 2 geschrieben haben, ist durch die Inkarnation Luzifers im 3. vorchristlichen Jahrtausend auch sehr Fruchtbares und Glanzvolles in die Menschheit gekommen. Man kann an dieser Stelle einmal die Frage aufwerfen, ob die bevorstehende Inkarnation Ahrimans den Menschen ebenfalls Förderliches bringen könnte.

Nun, Ahriman selbst wird gewiss viel in die Welt tragen, was die Menschen *vordergründig* als großartige Errungenschaft betrachten könnten, was aber im höheren, im spirituellen Sinne verderblich ist. Dennoch kann die Zeit, in der Ahriman auf der Erde wirtschaftet, langfristig sogar Gutes bringen, wenn wir – und mit uns möglichst viele Menschen – durch den Widerstand gegen Ahrimans materialistische Impulse mehr und mehr zum Geist erwachen.

4.3.4 Hinwendung zur geistigen Welt

Wie bereits erwähnt ist die Zeit vorbei, in der uns die guten Götter noch wie unmündige Kinder führten und uns alles schenkten, was wir für unsere Entwicklung benötigten. Die Götter mussten uns freilassen. Somit dürfen wir auch nicht davon ausgehen, dass sie uns *von sich aus* vor dem schädlichen Einfluss der Widersacher bewahren.

Aber sie warten darauf, dass wir uns ihnen zuwenden und sie darum bitten, uns Kraft und Mut zu spenden, um letztlich selbst mit dem Bösen fertig werden zu können. Selbstverständlich sollten wir uns nicht erst dann an die geistige Welt wenden, nachdem Ahriman bereits in Menschengestalt auf der Erde aufgetreten ist, sondern schon heute und jederzeit.

Christus hat sich durch das Mysterium von Golgatha fest und unverbrüchlich mit der Erdenwelt und den Menschen verbunden. Er ist also immer – auch wenn Ahriman sich inkarniert haben wird – bei uns. Das hat Er uns selbst versprochen: *»Und siehe, Ich bin bei euch alle Tage bis zur Vollendung der Erdenzeit.«*[15] Es liegt in der Freiheit eines jeden einzelnen Menschen, ob er den Weg zu Christus oder zu Ahriman einschlägt.

»So hat die Menschheit die zweifache Möglichkeit, die die Gewähr ihrer Freiheit ist: zu Christus sich wenden in der Geistgesinnung, die beim Heruntersteigen aus der Anschauung des übersinnlichen Geistdaseins bis zum Gebrauche der Intelligenz unterbewusst vorhanden war, jetzt in bewusster Art; oder sich erfühlen wollen in der Losgelöstheit von diesem Geistdasein und damit verfallen in die Orientierung, die die ahrimanischen Mächte nehmen.«[16]

Wir sollten uns der Kraft des Gebetes anvertrauen. Dieses können wir an unseren Engel, an die gesamte Engelwelt oder insbesondere an Christus richten. Wir können darum bitten, dass die Menschen Ahriman und seine Bestrebungen erkennen und durchschauen und dass beispielsweise die transhumanistischen Technologien, die sich nicht aufhalten lassen, *ausschließlich zum Heile* der Menschheit kommen werden. Wir können des Weiteren darum bitten, dass Er uns Mut und Kraft verleiht, dem Bösen die Stirn zu bieten.

Es gibt viele Mitmenschen, die durchaus spirituell oder religiös gestimmt sind, sich aber aus unterschiedlichen Gründen genieren, Engelwesen oder gar den Christus anzurufen und um Hilfe zu bitten. Manche halten das für etwas Kindliches, manche halten sich nicht für würdig, sich an solch erhabene Wesenheiten zu wenden. Aber genau darauf warten die göttlichen Wesen. Christus, der Repräsentant der Menschheit, ist unser aller Helfer, Freund und Bruder. Wir dürfen mit ihm genauso ›sprechen‹, wie wir mit einem menschlichen Freund sprechen. Selbstverständlich kennt der Christus alle unsere Gedanken und Er weiß, was wir ihm sagen bzw. worum wir ihn bitten wollen. Dennoch bedarf es unseres Willensaktes, ihm unsere Bitten vorzutragen. Die Geistesseherin Judith von Halle schreibt:

»Scheuen wir nicht davor zurück, Christus zu unserem vertrautesten Freund zu erwählen! Wenn es auch der irdische Verstand nicht fassen kann, dass der Schöpfer aller Dinge und Wesen seit Seiner Auferstehung geduldig und nachsichtig darauf wartet, dass wir Ihm unser Ich vermählen, so ist es dennoch wahr!«[17]

Eine besondere Nähe des Christus können wir in der »Menschenweihehandlung«, dem Gottesdienst der Christengemeinschaft, erspüren, in der Er – wie Rudolf Steiner sagte – ganz selbstverständlich immer anwesend ist. Das Gleiche mag auch für die Heilige Messe, welche die Katholiken feiern, gelten.

Ein weiterer mächtiger Helfer der Menschheit ist der Erzengel Michael, der in der Gegenwart als Zeitgeist wirkt und der schon einmal den ›Drachen‹ unter seine Füße getreten hat. Auch seine Hilfe dürfen wir erbitten. Michael war zu allen Zeiten der Verwalter der kosmischen Intelligenz und damit die wesenhafte Offenbarung des göttlichen Denkens. Michael ist gewissermaßen ein Wegweiser zu Christus. Michaels Weg findet seine Fortsetzung im Christus-Weg.[18] Michael kann uns Mut und Stärke verleihen.

»Aber dieses Zeitalter, in dem der Mensch unbewusst in der gefährlichen Ahriman-Sphäre sein Dasein entfalten darf, ist vorüber.

Der Erforscher der geistigen Welt muss heute die Menschheit auf die geistige Tatsache aufmerksam machen, dass Michael die geistige Führung der Menschheitsangelegenheiten übernommen hat. Michael vollbringt, was er zu vollbringen hat, so, dass er die Menschen nicht

dadurch beeinflusst; aber sie können in Freiheit ihm folgen, um mit der Christus-Kraft den Weg aus der Ahriman-Sphäre wieder herauszufinden, in die sie notwendig kommen mussten.

Wer ehrlich, aus dem tiefsten Wesen seiner Seele, sich mit Anthroposophie eins fühlen kann, der ist ein rechter Versteher dieses Michael-Phänomens. Und Anthroposophie möchte die Botschaft von dieser Michael-Mission sein.«[19]

Genau wie an Christus können wir uns auch an Michael mit eigenen Worten wenden. Eine besondere Wirkung hat der von Rudolf Steiner am 20. September 1919 gegebene Meditationsspruch:

> *Sieghafter Geist*
> *Durchflamme die Ohnmacht*
> *Zaghafter Seelen.*
> *Verbrenne die Ichsucht,*
> *Entzünde das Mitleid,*
> *Dass Selbstlosigkeit,*
> *Der Lebensstrom der Menschheit,*
> *Wallt als Quelle*
> *Der geistigen Wiedergeburt.*[20]

Lassen wir zum Abschluss noch einmal Emil Bock zu Wort kommen: *»Das ist es, was im 12. Kapitel der Apokalypse geschildert wird, wenn beim Ertönen der siebenten Posaune der Sieg Michaels über den Drachen zur Folge hat, dass der Widersacher auf die Erde gestürzt wird.*

Jetzt ist für die Menschen die Zeit der Ruhe vorbei. Das ist die Folge der Taten der guten Götter. Ihr Wille ist, dass die Menschen mit den dämonischen Gewalten kämpfen. Die Widersacher treten mit göttlicher Erlaubnis vor den Menschen hin. Warum?

Weil die guten Götter an den Menschen glauben.*«[21]

Auch wenn kaum zu erahnen ist, durch welche Initiativen die Welt, die heute schon auf dem Kopf steht oder sich zumindest in einer gewaltigen Schieflage befindet, eines Tages wieder auf die Füße gestellt werden kann, sollten wir die Hoffnung nicht verlieren und uns des Vertrauens, das die guten Götter in uns setzen, würdig erweisen!

Quellennachweis

Bei den Werken Rudolf Steiners sind hier die offiziellen Nummern der Gesamtausgabe (GA-Nr.) verwendet worden. Die kompletten Angaben zu allen Werken, soweit sie für dieses Buch relevant waren, finden Sie im Literaturverzeichnis.

Vorspann und Vorwort

1 Steiner, GA 191, S. 199

Kapitel 1 (Die Widersacherwesen – Luzifer und Ahriman)

1 Steiner, GA 122, S. 98f.
2 vgl. Steiner, GA 105, S. 100
3 1. Mose 3, 5
4 vgl. 1. Mose 3, 11 und Steiner, GA 163, S. 36
5 Steiner, GA 150, S. 91f.
6 Steiner, GA 140, S. 73
7 Steiner, GA 140, S. 312
8 vgl. Steiner, GA 141, S. 49
9 Steiner, GA 182, S. 150
10 Steiner, GA 153, S. 101
11 Steiner, GA 26, S. 89
12 Steiner, GA 107, S. 247f.
13 Steiner, GA 182, S. 151
14 Steiner, GA 205, S. 50f.
15 Steiner, GA 104, S. 152
16 Steiner, GA 204, S. 244ff.
17 Steiner, GA 157, S. 97f.
18 https://www.spiegel.de/wissenschaft/mensch/interview-mit-computerforscher-kurzweil-wir-werden-uns-mit-nicht-biologischer-intelligenz-vermischen-a-328128.html (vom 12.01.2025)
19 Steiner, GA 178, S. 219
20 Steiner, GA 178, S. 218f.
21 Steiner, GA 237, S. 175f.
21a Steiner, GA 177, S. 265f.
22 Ladwein, Michael: *»Unsterblich – Über das Leben nach dem Tod«* Stuttgart: Urachhaus 2022, S. 79
23 Johannes 8, 44

24 Über das Wirken sowie die unfassbar perfiden Ziele der schwarzen Logen und der schwarz-magischen Eingeweihten hat Judith von Halle, die vielleicht größte Geistesseherin der Gegenwart, im fünften Band ihres monumentalen Werks »*Das Wort in den sieben Reichen der Menschwerdung*« ausführlich geschrieben.

25 Steiner, GA 178, S. 177f.

26 Goethe: »*Faust I*« (Studierzimmer)

27 Goethe: »*Faust I*« (Auerbachs Keller)

28 Steiner, GA 266c, S. 178

29 Steiner, GA 266c, S. 168

30 Steiner, GA 14, S. 542f.

Kapitel 2 (Die Inkarnation Luzifers im 3. Jahrtausend vor Christus)

1 vgl. Steiner, GA 191, S. 197

2 vgl. Steiner, GA 193, S. 163

Kapitel 3 (Ort und Zeitpunkt der Inkarnation Ahrimans sowie Entwicklungen, die diese vorbereiten)

1 Steiner, GA 178, S. 70

2 Steiner, GA 286, S. 130

2a vgl. https://anthrowiki.at/Erzengel-Regentschaften (vom 29.12.2024)

3 Steiner, GA 266a, S.259

4 vgl. Steiner, GA 266a, S.258

5 Lievegoed, Bernard: »*Das Gute tun – Ankommen im 21. Jahrhundert*«, Stuttgart: Verlag Freies Geistesleben 1983, S. 31

6 Steiner, GA 103, S. 207

7 Steiner, GA 237, S. 142

8 Steiner, GA 240, S. 306f.

9 Schoeffler, Heinz Herbert: »*Steiner's Millenium Prophecies*«, Henry Goulden Books 1999, S. 15

10 https://threeman.org/?p=2905 (vom 20.12.2024)

11 https://erzengelmichaelblog.wordpress.com/2018/04/15/das-mysterium-des-menschen-und-die-falle-der-gender-ideologie-teil-1/#more-1925 (vom 20.12.2024)

12 Steiner, GA 206, S. 92

13 vgl. https://anthrowiki.at/Inkarnation_Ahrimans (vom 20.12.2024)

14 https://vollendungderseele.com/realitaet/es-gibt-keine-materie/ (vom 21.01.2021)

15 vgl. Steiner, GA 330, S. 403f.

16 https://anthrowiki.at/Dreigliederung_des_sozialen_Organismus (vom 20.12.2024)

17 *»Katechismus der katholischen Kirche«* (2003), Nr. 1224, S. 343

18 Steiner, GA 182, S. 151

19 Steiner, GA 205, S. 50

20 Steiner, GA 167, S. 98f.

20a Beltle, Erika und Vierl, Kurt (Herausgeber): *»Erinnerungen an Rudolf Steiner«*, Stuttgart: Verlag Freies Geistesleben 2001, S. 190f.

21 https://www.eva-herman.net/offiziell/?beitrag=86979 (vom 23.12.2024)

22 Steiner, GA 300a, S. 163f.

23 Steiner, GA 178, S. 89f.

24 Steiner, GA 177, S. 97f.

25 vgl. https://geschicktgendern.de/ (vom 23.12.2024)

26 vgl. https://www.kiss-stuttgart.de/wp-content/uploads/2020/05/Yuval-Noah-Harari-deutsch.pdf (vom 23.12.2024)

Kapitel 4 (Wie wird der inkarnierte Ahriman wirken und wie können wir uns ihm entgegenstellen?)

1 Matthäus 24, 24

2 vgl. etwa Steiner, GA 116, S. 77f.

3 Steiner, GA 116, S. 53f.

4 Steiner, GA 237, S. 128

5 Steiner, GA 59, S. 114f.

6 Steiner, GA 59, S. 117f.

7 Steiner, GA 157, S. 265f.

8 Epheser 6, 10ff.

9 https://christengemeinschaft.org/oldenburg/2021/gemeindebrief_83.pdf (02.01.2025)

10 Thomas Meyer: aus der Zeitschrift *»Der Europaer – Symptomatisches aus Politik, Kultur und Wirtschaft«* (Jg. 25/Nr. 2/3 Dezember/Januar 2020/21), S. 9

11 Steiner, GA 14, S. 542

12 Steiner, GA 124, S. 210

13 Goethe: *»Wilhelm Meisters Wanderjahre«*

14 Steiner, GA 197, S. 209f.

15 Matthäus 28, 20

16 Steiner, GA 26, S. 85

17 von Halle, Judith: *»Das innere Wort – Vom täglichen intimen Gespräch der Seele mit Christus«*, Dornach: Verlag für Anthroposophie 2024, S. 47f.

18 vgl. Steiner, GA 194, S. 63

19 Steiner, GA 26, S. 86

20 Steiner, GA 268, S. 73

21 Bock, Emil: *»Michaelisches Zeitalter – Die Menschheit vor dem Zeitgewissen«*, Stuttgart: Urachhaus 1979, S. 97

*Eines Tages klopfte die **ahrimanische** Angst an die Tür. Der **michaelische** Mut stand auf und öffnete, aber da war niemand draußen.*

Literaturverzeichnis

Die bisher im Rahmen der Gesamtausgabe des Werkes Rudolf Steiners erschienenen Bücher sind im Internet unter

https://steiner.wiki/Die_Rudolf_Steiner_Gesamtausgabe

frei verfügbar. (Stand: 06.01.2025)

Im Folgenden sind nur diejenigen Werke aufgeführt, die der Verfasser für dieses Buch herangezogen hat.

GA   14   *Vier Mysteriendramen.* 1998
GA   26   *Anthroposophische Leitsätze.* (1924/25) 1998
GA   59   *Metamorphosen des Seelenlebens – Pfade der Seelenerlebnisse.* (1910) 1984
GA   103   *Das Johannes-Evangelium.* (1908) 1995
GA   104   *Die Apokalypse des Johannes.* (1908) 1985
GA   105   *Welt, Erde und Mensch.* (1908) 1983
GA   107   *Geisteswissenschaftliche Menschenkunde.* (1908/09) 1988
GA   116   *Der Christus-Impuls und die Entwicklung des Ich-Bewußtseins.* (1909-10) 1982
GA   122   *Die Geheimnisse der biblischen Schöpfungsgeschichte.* (1910) 1984
GA   124   *Exkurse in das Gebiet des Markus-Evangeliums.* (1910/11) 1995
GA   140   *Okkulte Untersuchungen über das Leben zwischen Tod und neuer Geburt.* (1912/13) 2003
GA   141   *Das Leben zwischen dem Tode und der neuen Geburt im Verhältnis zu den kosmischen Tatsachen.* (1912/13) 1997
GA   150   *Die Welt des Geistes und ihr Hereinragen in das physische Dasein – Das Einwirken der Toten in die Welt der Lebenden.* (1913) 1980
GA   153   *Inneres Wesen des Menschen und Leben zwischen Tod und neuer Geburt.* (1914) 1997
GA   157   *Menschenschicksale und Völkerschicksale.* (1914/15) 1981
GA   163   *Zufall, Notwendigkeit und Vorsehung – Imaginative Erkenntnis und Vorgänge nach dem Tode.* (1915) 1986
GA   167   *Gegenwärtiges und Vergangenes im Menschengeiste.* (1916) 1962
GA   177   *Die spirituellen Hintergründe der äußeren Welt – Der Sturz der Geister der Finsternis.* (1917) 1999
GA   178   *Individuelle Geistwesen und ihr Wirken in der Seele des Menschen.* (1917) 1992
GA   182   *Der Tod als Lebenswandlung.* (1917/18) 1996

✳ ✳ ✳ ✳ ✳ ✳ ✳ ✳ ✳ ✳ ✳ ✳ ✳ ✳ ✳ ✳

Hier finden Sie umfassende Informationen und ausführliche Leseproben zu vielen weiteren Büchern von Josef F. Justen.

www.Justen-Buecher.com

✳ ✳ ✳ ✳ ✳ ✳ ✳ ✳ ✳ ✳ ✳ ✳ ✳ ✳ ✳ ✳